U0789313

金陵全書

丁編·文獻類

道德真經集注

（宋）王雱 注

南京出版傳媒集團
南京出版社

圖書在版編目（CIP）數據

道德真經集注 /（宋）王雱注. -- 南京：南京出版社, 2023.6

（金陵全書）

ISBN 978-7-5533-4168-2

Ⅰ. ①道… Ⅱ. ①王… Ⅲ. ①《道德經》- 注釋

Ⅳ. ①B223.12

中國國家版本館CIP數據核字（2023）第072760號

書　　名　【金陵全書】（丁編・文獻類）
　　　　　　道德真經集注

作　　者　（宋）王　雱

出版發行　南京出版傳媒集團
　　　　　　南　京　出　版　社
　　　　　　社址：南京市太平門街53號　　郵編：210016
　　　　　　網址：http://www.njcbs.cn　　電子信箱：njcbs1988@163.com
　　　　　　聯系電話：025-83283893、83283864（營銷）　025-83112257（編務）

出 版 人　項曉寧
出 品 人　盧海鳴
責任編輯　嚴行健
裝幀設計　楊曉崗
責任印製　楊福彬

製　　版　南京新華豐製版有限公司
印　　刷　南京凱德印刷有限公司
開　　本　889毫米×1194毫米　1/16
印　　張　42.5
版　　次　2023年6月第1版
印　　次　2023年6月第1次印刷
書　　號　ISBN　978-7-5533-4168-2
定　　價　800.00元

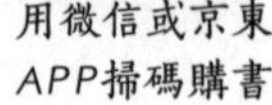

用淘寶APP
掃碼購書

總序

南京，古稱金陵，中國著名的四大古都之一，是國務院首批公佈的國家歷史文化名城。

南京有着六十萬年的人類活動史，近二千五百年的建城史，約四百五十年的建都史，享有『六朝古都』『十朝都會』的美譽。南京歷史的興衰起伏在某種程度上可以説是中國歷史的一個縮影。在中華民族光輝燦爛的歷史長河中，古聖先賢在南京創造了舉世矚目、富有特色的六朝文化、南唐文化、明文化和民國文化，爲中華民族文化的傳承和發展做出了不朽貢獻。然而，由於時代的遞遷、戰爭的破壞以及自然的損毀等原因，歷史上南京的輝煌成就以物質文化形態留存下來的相對較少，見諸文獻典籍的則相對較多。南京文獻内涵廣博，卷帙浩繁，版本複雜。截至一九四九年中華人民共和國成立，南京文獻留存下來的有近萬種，在全國歷史文化名城中名列前茅。以六朝《世説新語》《文心雕龍》《昭明文選》，唐朝《建康實録》，宋朝《景定建康志》《六朝事跡編類》，元朝《至正金陵新志》，明朝《洪武京城圖志》《金陵古今圖考》《客座贅語》，清朝《康熙江寧府志》《白下瑣言》，民國《首都計劃》《首都志》《金陵古蹟圖考》等爲代表的南京地方文獻，不僅是南京文化的集中體現，也是中華民族優秀傳統文化的重要組成部分。這些南京文獻，積澱貯存了歷代南京人民的經驗和智慧，翔實地反映了南京地區的社會變遷，是研究南京乃至全國政治、經濟、軍事、文化、外交和民風民俗的重要資料。

歷史上的南京文化輝煌燦爛，各類圖書典籍琳琅滿目。迄今爲止，南京文獻曾經有過三次不同程度的整理。

第一次是距今六百多年前的明朝永樂年間，明朝中央政府在南京組織整理出版了《永樂大典》。《永樂大典》正文二萬二千八百七十七卷，凡例和目録六十卷，分裝成一萬一千零九十五册，總字數約三億七千萬字。書中保存了中國上自先秦、下迄明初的各種典籍資料達七八千種，是中國古代最大的類書。

第二次是民國年間，南京通志館編印了一套《南京文獻》。《南京文獻》每月一期，從一九四七年元月至一九四九年二月共刊行了二十六期，收入南京地方文獻六十七種，包括元明清到民國各個時期的著作，其中收録的部分民國文獻今天已經成爲絶版。

第三次是二〇〇六年以來，南京出版社選取部分南京珍貴文獻，整理出版了一套《南京稀見文獻叢刊》點校本，到二〇二〇年，已經出版了六十九册一百零五種，時代上起六朝，下迄民國，在學術普及方面做出了一定的貢獻。

中華人民共和國成立以來，尤其是改革開放以來，南京的政治、經濟、文化建設飛速發展，但南京文獻的全面系統整理出版工作一直没有得到應有的重視，這與南京這座國家歷史文化名城的地位頗不相稱。據調查，目前有關南京的各類文獻主要保存在南京圖書館、南京市檔案館，以及全國各地的高等院校、科研院所、圖書館、檔案館、博物館，少數流散於民間和國外。一方面，廣大讀者要查閲這些收藏在全國各地的南京文獻殊爲不便；另一方面，許多珍貴的南京文獻隨着歲月的流逝而瀕臨損毁和失傳。南京文獻的存史、資治、教化、育人功能没有得到應有的發揮。

盛世修史（志）。在中華民族和平崛起和大力弘揚民族傳統文化、全力發展民族文化事業的大背景下，在建設『文化南京』的發展思路下，中共南京市委、南京市人民政府於二〇〇九年十二月做出決定，將南京有史以來的地方文獻進行全面系統的匯集、整理和影印出版，輯爲《金陵全書》（以下簡稱《全書》），以更好地搶救和保護鄉邦文獻，傳承民族文化，推動學術研究，促進南京文化建設；同時，也更爲有効地增加南京文獻存世途徑，提昇南京文獻地位，凸顯南京文獻價值。

爲編纂出能够代表當代最高學術水平和科技成就，又經得起時間檢驗的《全書》，我們將編纂工作分成三個階段進行。第一個階段爲調研階段，主要對南京現存文獻的種類、數量、保存現狀以及收藏地點等進行深入細緻的調研，召集專家學者多次進行學術論證和可操作性論證，撰寫出可行性調查報告，爲科學決策提供依據，此項工作主要由中共南京市委宣傳部和南京出版社組織完成。第二個階段爲啓動階段，以二〇〇九年十二月二十四日召開的『《金陵全書》編纂啓動工作會』爲標志，市委主要領導親自到會動員講話，市委宣傳部對《全書》的編纂出版工作作了明確部署。在廣泛徵求專家學者意見的基礎上，確定了《全書》的總體框架設計，確定了將《全書》列爲市委宣傳部每年要實施的重大文化工程，確定了主要參編責任單位和責任人，並分解了任務。第三個階段爲編纂出版階段，主要在全國範圍內進行資料的徵集、遴選和圖書的版式設計、複製、排版及印製工作。

爲了確保《全書》編纂出版工作的順利進行，中共南京市委、南京市人民政府成立了專門的編纂出版組織機構。其中編輯工作領導小組，由中共南京市委、市政府領導以及相關成員單位主要負責人組成；《全書》的編纂出版工作由市委宣傳部總牽頭；學術指導委員會，由蔣贊初、茅家琦、梁白泉等一批全國著名的專家學者組成，負責《全書》的學術審核和把關。

《全書》分爲方志、史料、檔案和文獻四大類。自二〇一〇年起，計劃每年出版四十册左右。鑒於《全書》的整理出版工作難度較大，周期較長，在具體操作中，我們採取了分工協作的方式。市委宣傳部和南京出版社負責《全書》的總體策劃，其中方志部分，主要由南京市地方志編纂委員會辦公室和南京出版傳媒集團·南京出版社共同承擔；史料和文獻部分，主要由南京圖書館承擔；檔案部分，主要由南京市檔案局（館）承擔。《全書》的編輯出版，得到了江蘇省文化廳、江蘇省新聞出版局、江蘇省檔案局（館）、南京大學、南京圖書館、南京市文廣新局、南京市社科聯（社科院）、南京市文聯、金陵圖書館以及各區委宣傳部和地方志辦公室等單位及社會各界的熱情鼓勵和大力支持，尤其是得到了中國國家圖書館和全國各地（包括港臺地區）高等院校、科研院所、圖書館、檔案館、博物館等藏書單位的鼎力相助，在此表示深深的謝意！

我們相信，在中共南京市委、南京市人民政府的長期不懈支持下，在各部門、各單位的積極配合和衆多專家學者的共同努力下，這項功在當代、利在千秋的傳世工程一定能够圓滿完成。

《金陵全書》編輯出版委員會

凡例

一、《金陵全書》（以下簡稱《全書》）收録的南京文獻，分爲方志、史料、檔案和文獻四大類。

二、《全書》按上述四大類分爲甲、乙、丙、丁四編，以不同的封面顔色加以區分；每編酌分細類，原則上以成書時代爲序分爲若幹册，依次編列序號。

三、《全書》收録南京文獻的地域範圍，包括了清代江寧府所轄上元、江寧、句容、溧水、高淳、江浦、六合。

四、《全書》收録的南京文獻，其成書年代的下限爲一九四九年。

五、《全書》收録方志、史料和文獻，盡量選用善本爲底本。《全書》收録的檔案以學術價值和實用價值較高爲原則，一般選用延續時間較長、相對比較完整的檔案全宗。

六、《全書》收録的南京文獻底本如有殘缺、漫漶不清等情況，必要時予以配補、抽换或修描，以保證全書完整清晰；稿本、鈔本、批校本的修改、批注文字等均保留原貌。

七、《全書》收録的南京文獻，每種均撰寫提要，置於該文獻前，以便讀者了解其作者生平、主要内容、學術文化價值、編纂過程、版本源流、底本採用等情况。

八、《全書》所收文獻篇幅較大時，分爲序號相連的若幹册；篇幅較小的文獻，則將數種合編爲一册。

九、《全書》統一版式設計，大部分文獻原大影印；對於少數原版面過大或過小的文獻，適當進行縮小或放大處理，並加以説明。

十、《全書》各册除保留文獻原有頁碼外，均新編頁碼，每册頁碼自爲起訖。

提要

《道德真經集注》二卷，附《音釋》一卷，宋王雱注。

王雱（一〇四四—一〇七六），字元澤，王安石之子。少聰穎，年未冠，已著書數萬言，治平四年（一〇六七）進士及第。宋神宗時任太子中允、崇政殿説書，神宗數留與語。受詔注《詩》《書》義，擢爲天章閣待制兼侍講，熙寧九年（一〇七六），遷爲龍圖閣直學士。後因病辭官，同年去世，年三十三，特贈左諫議大夫。生平事迹略具《宋史》卷三百二十七王安石傳後。

熙寧七年四月，王安石初次罷相，知江寧府，身多疾病的王雱隨王安石返回金陵，其間，朝廷差遣中使張諤前來醫治（見《差張諤醫男雱謝表》）。熙寧八年二月，王安石再拜相，王雱隨父再返京師，此後病情加重。熙寧九年七月（或曰九月），王雱病卒，王安石極度悲痛，十月再次罷相，判江寧府。隨後，王雱棺柩由朝廷差遣李友詢護送至金陵安葬（見《李友詢傳宣撫問及賜湯藥謝表》），王安石有《題雱祠堂》一詩，自注『在寶公塔院』。

雱之學説，蓋融合三教，混而爲一，且以儒術緣飾其説也。以注釋之體例言之，雱之此書，創新頗多：有以老莊互證者，有以老證老者，有反訓者，亦有以注文破正文者。老莊互證，其例繁多，其理易曉，故不舉例。以老證老者，如《以道佐人主章第三十》注首句引『萬物將自賓』，注『不道早已』引『飄風不終朝，驟雨不終日』皆以《老子》他章之文證本章之文也。反訓者，如《上士聞道章第四十一》注『廣德若不足』曰：『塊然有餘者，豈廣德哉？』注『大器晚成』曰：『帝王之功，不如霸者之速效。』以注文破正文者，如《治人事天章第五十九》注『莫知其極，可以有國』曰：『聖人糠秕土苴，足以陶鑄堯舜，其於有國也何有？』是以老子所言『莫知其極』爲猶未足也；又如《道者萬物之奥章第六十二》注『善人之寶，不善人之所保』曰：『善人之所寶，聖人則體之矣。』是以『聖人』加於『善人』之上也。雱之所言，并非妄論，然《老子》論述之層次及語境與雱之所言本自不同，似不必另作歧途。又，《老子》八十一章，其各章安排之順序，似有偶然之處，而雱歷爲陳説，次而論之，謂每章必環環相扣，與其所釋《莊子》内七篇者同一思維。

據雱之自序，《道德真經集注》成書於『熙寧三年七月十二日』。彼時正新法施行之時也。雱乃安石之子，置身乎時事，留心於變法，是固不能置身於事外者也，發乎文章，亦有端倪，如《其安易持章第六十四》注『是以聖人欲不欲』曰：『不欲之欲，非無欲也，欲在於不欲耳，故不貴難得之貨而已。』注『不貴難得之貨』又曰：『聖人所謂無爲無執者，故未至於釋然都忘也，但不於性分之外，更生一切耳。且民飽食暖衣，性所不免，欲此而已，不爲有欲。』王安石變法，朝廷流言而下野鼎沸，確乎『有爲』『有欲』者也，然以雱之所言論之，變法之目的正在乎『無爲』『無欲』也，亦即『民飽食暖衣』，所謂『欲此而已，不爲有欲』也，斯旨正與王氏《答司馬諫議書》『爲天下理財，不爲徵利』同。其他如《使我介然章第五十三》注『朝廷甚除』曰：『今務除其朝廷，以爲一時之榮觀，而不恤根本之已竭，豈持久之道乎』，亦似有爲而發也。然總而論之，雱之此書，大體平正通達，不務怪論奇說，有優裕從容之意焉。

雱之爲人，宋時已多有議之者。《宋史》卷三百二十七《王雱傳》（附《王安石傳》後）曰：『雱字元澤，爲人慓悍陰刻，無所顧忌。』載雱之生平，而首以批判之語先之，傳末又載其『囚首跣足』，肆意詆毁舊黨事一事。傳之所載，首尾皆惡事，其不爲時人所許，概可見矣。他書如邵伯温《邵氏聞見録》、王辟之《澠水燕談録》所載其生平惡言惡行，如在目前，不一而足，可謂衆人之弃也。然觀其書，多有得道語，亦似有悟處。如其注『善計不用籌算』曰：『物來即了，何假籌算乎？』注『善閉無關楗而不可開』曰：『藏於不得遯，而閉之以無外，則閉外無物，孰能開之？』此皆妙解，超越時輩者，其高妙之論，指不勝屈也。士之處世，名節固不可不修也。

《宋史》王雱本傳載其『作《老子訓傳》及佛書義解』，晁公武《郡齋讀書志》卷三上載：『王介甫注《老子》二卷，王元澤注二卷。』。此書有明正統本，見於《道藏》本洞神部玉訣類。《金陵全書》收録的《道德真經集注》以南京圖書館藏明正統《道藏》本洞神部玉訣類爲底本影印出版。原書横長一〇八毫米，縱高一一五毫米，現擴爲横長一三三毫米，縱高一四二毫米。

韓　元

洞神部
玉訣類
靡上

道德真經集註卷之一

靡一

道德真經集註卷之二

靡二

道德真經集註卷之三

靡三

中華民國十三年八月上海涵芬樓影印

道德真經集註序

唐明皇撰

昔在元聖強著玄言權輿眞宗啓迪來裔遺文誠在精義頗乖撮其指歸雖蜀嚴而猶病摘其章句自河公而或略其餘浸微固不足數則我玄元妙旨豈其將墜朕誠寡薄嘗感斯文猥承有後之慶恐失無爲之理每因清宴輒叩玄關隨所意得遂爲箋註豈成一家之說但備遺闕之文今兹絶筆是詢於衆公卿臣庶道釋二門有能起予類於卜商鍼疾

同於左氏渴於納善朕所虛懷苟副斯言必加厚賞且如諫臣自聖幸非此流懸市相矜亦云小道既其不諱咸可直言勿爲來者所嗤以重朕之不德

左仙公葛玄撰

[illegible]一

老子體自然而然生乎太無之先起乎無因經歷天地終始不可稱載終乎無終窮乎無窮極乎無極故無極也與大道而倫化爲天地而立根布氣於十方抱道德之至純浩浩蕩蕩不可名也煥乎其有文章巍巍乎其有

成功淵乎其不可量堂堂乎爲神明之宗三光持以朗照天地禀以得生乾坤運以吐精高而無民貴而無位覆載無窮是教八方諸天普弘大道開闢以前復下爲國師代代不休人莫能知之匠成萬物不言我爲玄之德也故衆聖所共尊道尊德貴莫之命而常自然惟老氏乎周時復託神李母剖左腋而生生即皓然號曰老子老子之號因玄而出在天地之先無衰老之期故曰老子世人謂老子當始於周代老子之號始於無數之劫甚

序第二

窈窈冥冥眇邈久遠矣世衰大道不行西遊天下關令尹喜曰大道將隱乎願爲我著書於是作道德二篇五千文上下經焉夫五千文宣道德之源大無不包細無不入天人之自然經也余先師有言精進研之則聲參太

序一　二

極高上遥唱諸天歡樂則攜契玄人靜思期眞則衆妙感會内觀形影則神氣長存體洽道德則萬神震伏禍滅九陰福生十方安國寧家孰能知乎無爲之文洿之不辱飾之不榮撓之不濁澄之不清自然也應道而見傳

告無窮常者也故知常曰明大道何爲哉弘之由人斯文尊妙可不極精乎粗述一篇唯有道者寶之焉

河上公者莫知其姓名也漢孝文皇帝時結草爲菴于河之濱常讀老子道德經文帝好老子之言詔命諸王公大臣州牧二千石朝直衆官皆令誦之有所不解數句天下莫能通者聞侍郎説河上公誦老子乃遣詔使齎所不了義問之公曰道尊德貴非可遥問也文帝即駕從詣之帝曰普天之下莫非王土

率土之賓莫非王臣域中有四大王居其一也子雖有道猶朕民也不能自屈何乃高乎朕足使人富貴貧賤須臾河上公即拊掌坐躍冉冉在虛空之中如雲之升去地百餘丈而上玄虛良久俛而答帝曰余上不至天中不累人下不居地何民之有陛下焉能令余富貴貧賤乎帝乃悟知是神人方下輦稽首禮謝曰朕以不德忝統先業才不任大憂於不堪雖治世事而心敬道德直以闇昧多所不了惟蒙道君弘慜有以教之則幽夕覩太

陽之耀光河上公即授素書老子道德經章句二卷謂帝曰熟研此則所疑自解余註是經以來千七百餘年凡傳三人連子四矣勿示非其人文帝跪受經言畢失公所在論者以爲文帝好老子大道世人不能盡通其義而精思遐感仰徹太上道君遣神人特下教之便去耳恐文帝心未純信故示神變以悟帝意欲成其道眞時人因號曰河上公焉

老子以上皇元年正月十二日丙午太歲丁卯下爲周師到無極元年太歲癸丑五月壬

午去周西度關關令尹喜宿命合道預占見紫雲西邁知有道人當度仍齋潔燒香想見道眞以其年十二月二十五日老子度關也喜見老子迎設禮稱弟子老子曰汝應爲此宛利天下棄賢世傳弘大道子神仙者矣以二十八日中授太上道德經義洞虛無大無不包細無不入聖王不能盡通其義昔漢孝文皇帝好老子大道從容無爲之堂歎凡聖無能解此玄奥精思遠感上徹太上道君遣神人下授文帝希微之旨道人即信誓侍授

至人比字校定外儒所雜傳多誤今當參校此正之使與玄洞相應十方諸天人神仙天地鬼神所宗奉文同無一異矣吾已於諸天神仙大王校定受傳天人至士賢儒當宗極正眞弘道大度何可不精得聖人本文者乎

吾所以有言此欲正玄妙於天地人耳今說至矣明矣夫學仙者必能弘幽賾也道士鄭思遠曰余家師葛仙公受太極眞人徐來勤道德經上下二卷仙公曩者所好如親見眞人教以口訣云此文道之祖宗也誦詠萬遍

序第五

夷心註玄者皆必昇仙尤尊是書日夕朝拜朝拜願念具如靈寶法矣學仙君子宜弘之焉仙公常秘此言無應仙之相好者不傳也

王雱撰

昔老子當道術之變故著書九九篇以明生生之理而末世爲學蔽於前世之緒餘亂於諸子之異論智不足以明眞僞乃或以聖人之經與楊墨之書比雖有讀者而燭理不深乃復高言矯世去理彌遠今世傳註釋王弼張説兩家經文殊舛互有得失害於理意者

不一今輒參對定於至當而以所聞句爲之解聖人之言既爲難盡而又知之所及辭有不勝覽者以意逆志則吾之所發亦過半矣書成於熙寧三年七月十二日竊嘗論曰聖人雖多其道一也生之相後越宇宙而同時居之相去異天壤而共處故其有言如首之有尾外此道者皆邪說也然而道一者言固不同言同者道固不一而世儒徒識其言故以言同者爲是不知其道故以道一者爲非易曰一陰一陽之謂道老子曰既得其母以

知其子誠知是則推五行之殊觀四時之變視形度志以參萬物則聖雖不言吾其知之矣故道歲也聖人時也自堯舜至於孔子禮章樂明寓之以形名度數而精神之運炳然見於制作之間定尊卑別賢否以臨天下事詳物衆可謂盛矣蓋於時有之則夏是也夏反而爲秋秋則斂其散而一之落其華而實之以辨物爲德以復性爲常其志靜其事簡夫秋豈期於反夏乎蓋將以成歲而生物也於是時也動植之死者過半然豈天命之至

果非小智之所及邪秋蓋非歲之終也則又有至者焉故四時之變於吾有之則幼壯老死是也傳曰終身由之而不知其道者其是之謂乎嗚呼學道而不期於死之説則亦何以學爲哉朝聞道夕死可矣則所謂道者貴乎可以生死也誠知道德之誠而遡其所歸則死生之説盡矣故余盡心焉

序第七

道德真經集註卷之一

唐明皇河上公王弼王雱註

道經雱曰道者萬物之所道在體爲體在用爲用無名無迹而無乎不在者是也故雖聖人之言常在其一曲雖在一曲而異乎諸子百家者不失理而當於時而已

道可道章第一 華一 六

道可道

河曰謂經術政教之道也

非常道

河曰非自然長生之道也常道以無爲養

神無方安民含光藏暉滅迹匿端不可稱道〇雱曰可道之道適時而爲時徙不留道亦應變蓋造化密未嘗暫止昔之所是今已非矣而曲士攬英華爲道根指蘧廬爲聖宅老氏方將祛其弊而開以至理故以此首篇明乎此則方今之言猶非常也

名可名

河曰謂富貴尊榮高世之名也

非常名

明皇曰道者虛極之妙用名者物得之所

稱用可於物故云可道名生於用故云可名應用且無方則非常於一道物殊而名異故非常於一名是則強名曰道而道常無名也○河曰非自然常在之名也常名當如孾兒之未言雞子之未分明珠在蚌中美玉處石間內雖昭昭外如愚頑○弼曰可道之道可名之名指事造形非其常也其不可道不可名也○雱曰名生於實實有形數形數既具衰壞隨之其可常乎唯體此不常乃眞常也

無名天地之始

河曰無名者謂道道無形故不可名也始者道本也吐氣布化出於虚無爲天地本始也

有名萬物之母

明皇曰無名者妙本也妙本見氣權輿天地天地資始故無名有名者應用也應用既成茂養萬物物得其養故有名○河曰有名謂天地天地有形位陰陽有柔剛是其有名也萬物母者天地含氣生萬物長

大成就如母之養子○弼曰凡有皆始於無故未形無名之時則爲萬物之始及其有形有名之時則長之育之亭之毒之爲其母也言道以無形無名始成萬物以始以成而不知其所以玄之又玄也○雱曰受命於無而成形於有故曰天地之始萬物之母易曰有天地然後有萬物此言與易之序同據覆載之間方生之物故以天地爲先物與天地本無先後推而極之有無同體始母之言亦筌蹄也且天地雖大

而受命成形未離有無而此乃獨言萬物之母然則老氏之言姑盡性而已

常無欲以觀其妙

河曰妙要也人常能無欲則可以觀道之要要謂一也○弼曰妙者微之極也萬物始於微而後成始於無而後生故常無欲空虛其懷可以觀其始物之妙

常有欲以觀其徼

明皇曰人生而靜天之性感物而動性之欲若常守清靜解心釋神反照正性則觀

乎妙本矣若不性其情逐欲而動性失於欲迷乎道源欲觀妙本則見邊徼矣○河曰徼歸也常有欲之人可以觀世俗之所歸趣也○弼曰徼歸終也凡有之爲利必以無爲用欲之所本適道而後濟故常有欲可以觀其終物之徼也○雱曰易之陰陽老之有無以至於佛氏之色空其實一致說有漸次耳世之言無者舍有以求無則是有外更有安得爲無故方其有時實未嘗有此乃眞無也有無之體常一而有

有以觀者但見其徼欲觀其妙當知本無而本無之無未嘗維有也既曰常無又曰常有者以明有無之不相代無即眞有有即實無耳言徼則知妙之爲奧言妙則知徼之爲粗比法言之體

此兩者同出而異名

明皇曰如上兩者皆本於道故云同也動出應用隨用立名則名異矣◎河曰兩者謂有欲無欲也同出者同出人心也而異名者所名異也名無欲者長存名有欲者

亡身也

同謂之玄

明皇曰出則名異同則謂玄玄深妙也○河曰玄天也言有欲之人與無欲之人同受氣於天○雱曰有無本一未有二名自學者言之則有不如無無之精既得其道則兩皆至理初無彼此

玄之又玄

河曰天中復有天也稟氣有厚薄得中和滋液則生賢聖得錯亂濁辱則生貪淫也

衆妙之門

明皇曰意因不生則同乎玄妙猶恐執玄爲滯不至兼忘故寄又玄以遣玄示明無欲於無欲能如此者萬法由之而了出故云衆妙之門〇河曰能知天中復有天稟氣有厚薄除情欲守中和是謂知道要之門戸也〇弼曰兩者始與母也出者同出於玄也異名所施不可同也在首則謂之始在終則謂之母玄者冥也默然無有也始母之所出也不可得而名故不可言同

名曰玄而言謂之玄者取於不可得而謂之然也謂之然則不可以定乎一玄若定乎一玄而已則是其名則失之遠矣故曰玄之又玄也衆妙皆從門而出故曰衆妙之門也○雱曰道有二物自形而下則陽尊而陰卑自形而上則陰先而陽後故道之至處曰妙曰玄妙德也玄色也言色則至矣而蓋有非色所及故曰又玄萬物皆有妙處皆出於此故曰衆妙之門

天下皆知章第二

天下皆知美之爲美

河曰自揚已美便顯彰也

斯惡已

河曰有麤玉也

皆知善之爲善

河曰有功名也

斯不善已

明皇曰美善者生於欲心心苟所欲雖惡而美善矣故云皆知以已之所美爲美所善爲善美善無主但是妄情皆由封執有

道德真經集注

無分別難易神奇臭腐以相傾奪大聖較量深知虛妄故云惡已○河曰人所爭也雱曰道本無物而物有妄情自相分別此溺於轉徙之流而不能自出故耳然溺而不出者不由厭離而由樂著所以惡夫美善也故惡與不善美善之隨也當其美善之時蓋已惡且不善矣俟其隨而後悟則亦悟之晚也雖然至人所謂美善未嘗離乎惡與不善而惡與不善未嘗離乎美善也天下之愚不足與此故所謂美善常惡

難一　十二

與不善也

故有無之相生

河曰見有而爲無也

難易之相成

河曰見難而爲易也

長短之相形

河曰見短而爲長也

高下之相傾

河曰見高而爲下也

聲音之相和

河曰上唱下必和也

前後之相隨

明皇曰六者相違遞爲名稱亦如美惡非自性生是由妄情有此多故○河曰上行下必隨也○弼曰美者人心之所進樂也惡者人心之所惡疾也美惡猶喜怒也善不善猶是非也喜怒同根是非同門故不可偏舉也此六者皆陳自然而不可偏舉之明數也○雱曰離道而我我則有彼彼我既分編類爲二矣此六對者物之所以

不齊而喜怒哀樂生死之變更出迭入而不能自止者也凡此皆不冥夫陰陽之本而隨其末流自生分別執一廢百以妄爲常故耳此篇第二與莊子齊物論相似篇篇有序可以理推

是以聖人處無爲之事

河曰以道治也〇弼曰自然已足爲則敗也

行不言之教

明皇曰無爲之事無事也寄以事名故云

處不言之教忘言也寄以教名故云行○河曰以身帥導之也

雱曰聖人無心以百姓心爲心雖事而未嘗涉爲之之迹雖教而未嘗發言之之意故事以之齊教以之行而吾寂然未始有言爲之累而天下亦因得以反常復樸也夫唯無累故雖寄形陰陽之間而造化不能求彼六對者惡能攖之哉

○萬物作而不辭

明皇曰令萬物各自得其動作而不辭謝

於聖人〇河曰各自動也不辭謝而逆止
雱曰萬物並作聖人各盡其性而無所辭
以吾心空然無所去取故也苟懷去取之
慮則物之萬態美惡多矣焉能不辭哉

生而不有

河曰元氣生萬物而不有

爲而不恃

河曰道所施爲不恃望其報也〇弼曰智
慧自備爲則僞也

功成不居

明皇曰令萬物各遂其生不爲己有各得所爲而不負恃如此則太平之功成矣猶當日慎一日不敢寧居○河曰功成事就退避不居其位○弼曰因物而明功自彼成故不居也○雱曰有則居居則遷矣

夫唯不居

河曰夫唯功成不居其位

是以不去

明皇曰夫唯不敢寧居而增修其德者則忘功而功存故不居而不去也○河曰福

德常在不去其身也上六句有高下長短若開一源下生百端百端之變無不動亂弼曰使功在己則功不可久也○雱曰形名而降莫不代謝唯道無體物莫能遷聖人體道故充塞無外而未嘗有物應接萬變而未嘗有心如是則豈以適然之事攬以為功而固有之哉夫然後離六對之境絕美惡之名越生死流處常住法也持此心以涉世則功名雖高豈有充滿之累乎

不尚賢章第三

不尚賢

河曰賢謂世俗之賢辯口明文離道行權去質爲文也不尚者不貴之以祿不尊之以官

使民不爭

明皇曰尚賢則有迹徇迹則爭與使賢不肖各當其分則不爭矣○河曰不爭功名反自然也○雱曰賢者出衆之稱尚之則民夸企外慕爭之端也

不貴難得之貨

河曰言人君不御好珍寶黃金棄於山珠玉捐於淵

使民不爲盜〇

明皇曰難得之貨謂性分所無者求不可得故云難得夫不安本分希效所無既失性分寧非盜竊欲使物任其性事稱其能則難得之貨不貴性命之情不盜矣〇河曰上化清靜下無貪人〇雱曰民衣食足而性定矣妄貴難得之貨則其求無已必至爲盜蓋民之生皆由妄生分別此篇務

在齊物使民復性

不見可欲

河曰放鄭聲遠佞人

使心不亂

明皇曰既無尚賢之迹不求難得之貨是無可見之欲而心不惑亂也〇河曰不邪淫〇弼曰賢猶能也尚者嘉之名也貴者隆之稱也唯能是任尚之曷為而唯用是施貴之曷為尚賢顯名榮過其任下奔而競効能相射貴貨過用貪者競趣穿窬賭

〇齎篋没命而盜故可欲不見則心無所亂
也〇雱曰昧者妄見可欲所以心爲之憒
亂唯聖人能知諸物皆非眞實故萬態一
視而無取舍之心若然則心貧常夷物豈
能亂之是以能不尚賢不貴貨也

是以聖人之治也

河曰説聖人治國與治身同也

虛其心

明皇曰心不爲可欲則亂則虛矣〇河曰
除嗜慾去亂煩〇雱曰心虛則無所分別

此中不尚賢之義

實其腹

明皇曰道德内充則無矜徇亦如屬饜而止不生貪求○河曰懷道抱一守五神也○弼曰心懷智而腹懷食虛有智而實無知也○雱曰腹實則無所貪求此申不貴貨之義

弱其志

明皇曰心虛則志弱○河曰知柔謙讓不處權也○雱曰志强則夸企而勝志弱則

無營於外此又申不尚賢之義

强其骨

明皇曰腹實則骨强○河曰愛精重施髓滿骨堅○弼曰骨無知以幹志生事以亂雱曰骨强所以自立自立則外物不能遷

此又申不貴貨之義

常使民無知無欲

明皇曰常使人無爭尚之知無貪求之欲也○河曰反朴守淳○弼曰守其眞也○雱曰知則妄見欲則外求二者既除性情

定矣自不尚賢而化之可使至於無知自不貴貨而化之可使至於無欲

使夫知者不敢爲也

明皇曰清静化人盡無知欲適有之者令不敢爲也○河曰思慮深不輕言○弼曰知者謂知爲○雱曰智足以亂衆者禁而止之

爲無爲

河曰不造作動因循

則無不治矣

明皇曰於爲無爲人得其性則淳化有孚矣○河曰德化厚百姓安○雱曰爲無爲非無爲也爲在於無爲而已期於復性故也竊嘗論之三代之後民無不失其性者故君子則志强而好善求賢無已小人則骨弱而慕利逐貨不厭志强則多知骨弱則多欲或有知或有欲雖所趨不同而其爲徇外傷本一也惟至人不然弱其志非所見者卑而求近以爲無所求而道自足也强其骨非以自立而爲賢將以勝利欲

而尊德性也夫然後名不能移利不能溺而性常定矣

道沖章第四

道沖而用之

河曰沖中也道匿名藏譽其用在中

或不盈

明皇曰言道動出沖和之氣而用生成有生成之功曾不盈滿云或似者於道不敢正言○河曰或常也道常謙虛不盈滿○雱曰道充塞無外贍足萬物而未嘗有故

曰或不盈若虛若實謂之沖沖者陰陽之中而以虛爲體者也道之用於物者中道之應於事者虛此方言其用故曰沖

淵兮似萬物之宗

明皇曰泉深靜也道常生物而不盈滿妙本泉兮深靜故似爲萬物宗主○河曰道淵深不可之也似爲萬物之宗祖○雱曰道生萬物而體未嘗離物自物之散殊而觀之則似爲之宗耳淵者深而不測也人本足於此道欲體之者不可它求當挫銳

解紛和光同塵則當自存矣

挫其銳

河曰銳挫也人欲銳精進取功名當挫正之法道不自見○雱曰銳挫則渾然矣銳尖之形是也

解其紛

明皇曰道以沖和故能抑止銛利釋散紛擾若俗學求須則爾結矣○河曰紛結恨也當念道無爲以解釋○雱曰不與物講而坐觀其復則性命定而紛亂解矣

和其光

河曰言雖有獨見之明當如闇昧不當以曜亂人也○雱曰挫銳解紛則性情定而自然充實光輝矣既有光則要不異於物而與之和同易曰蒙雜不著

同其塵

明皇曰道無不在所在常無在光在塵皆與爲一一光塵爾而非光塵也○河曰當與衆庶同垢塵不當自别殊○雱曰道乃性之常得性之常奚足珍尚故至人有道

而不自異於塵

湛兮似或存

明皇曰和光同塵而妙本不離故湛兮似有所存○河曰言當湛然安靜故能長存而不亡○雱曰人能如上四事則道湛然

存矣存而定有之則非道也似或者不可定有之謂

吾不知誰之子

河曰老子言我不知道所從生○雱曰即今所稱道之中體蓋有所出矣雖有所出

而廉然無象故曰不知誰之子也象帝之先

明皇曰吾不知道所從生明道非生法故無父道者似在乎帝先爾帝者生物之主象似也○河曰道自在天帝之前此言道乃先天地生也○弼曰執一家之量者不能全家執一國之量者不能成國窮力舉重不能爲用故人雖知萬物治也治而不以二儀之道則不能贍也地雖形魄不法于天則不能全其寧天雖精象不能于道

則不能保其精沖而用之用乃不能窮滿以追實實來則溢故沖而用之又復不盈其爲無窮亦已抑矣形雖大不能累其體事雖繁不能充其量萬物舍此而求其主主其安在乎不亦淵兮似萬物之宗乎銳挫而無損紛解而不勞和光而不汚其體同塵而不渝其冥其然乎似或存乎地守其形德不能過其載天僭其象德不能過其覆天地莫能及之不亦似帝之先乎帝天帝也○雱曰象有形之兆帝有物之尊

爲帝王矣而道更在其先

天地不仁章第五

河曰天施地化不以仁恩任自然也

天地不仁

以萬物爲芻狗

靡非一　二十

明皇曰天地生萬物人最爲貴天地視之如芻草狗畜不責望其報也〇河曰天地任自然無爲無造萬物自相治理故不仁也仁者必造立無施有恩有爲造立施化則物失其眞有恩有爲則物不具存物不具

存則不足以備哉天地不爲獸生芻而獸食芻不爲人生狗無爲然萬物而萬物各適其所用則莫不贍矣若慧由己猶未足任也○雱曰芻狗祭祀所用方其用也隆禮致敬以事之及其已事則棄而捐之等於糞壤其隆禮致敬之時非不以至誠也然而束芻爲狗耳實何足禮敬乎羋不足禮敬而加禮敬者又非以爲也夫萬物各得其常生死成壞理有適然而天地獨爲之父母故不得無愛而原天地之心亦何

係累哉故方其愛時雖以至誠而萬物自遂實無足愛者反要其終則糞壤同歸而已豈留情乎

聖人不仁

河曰聖人愛養萬民不以仁恩法天地行自然〇雱曰仁者人也以人道愛物謂之仁彼人貌而天者仁何足以名之

以百姓爲芻狗

明皇曰不仁者不爲仁恩也芻狗者結芻爲狗也犬以守禦則有弊蓋之恩今芻狗

徒有狗形而無警吠之用故無情於仁愛也言天地視人亦如人視芻狗無責望爾嘗試論之曰夫至仁無親孰爲兼愛愛則不至適是偏私不獨親其親則天下皆親矣不獨子其子則天下皆子矣是則至仁之無親乃至親豈氣愛乎○河曰聖人視百姓如芻草狗畜不責望其禮意○弼曰聖人與天地合其德以百姓比芻狗也○雱曰聖人親親而仁民故獨言百姓若其道則與天地一矣而有人之形故任各異

天地之間

河曰天地之間空虛和氣流行故萬物自生人能除情欲節滋味清五臟則神明居之也

其猶橐籥乎

明皇曰橐者鞴也籥者笛也橐之鼓風笛之運吹皆以虛而無心故能動而有應則天地之間生物無私者亦以虛而無心故也〇河曰橐籥中空虛故能有聲氣〇雱曰橐籥虛以應物物感則應應而不藏天

地之於萬物聖人之於百姓應其適然而不係累於當時不留情於既往故比橐籥之無窮也

虛而不屈動而愈出

明皇曰橐籥虛之而不屈撓動之而愈出聲以況聖人心無偏愛則無屈撓之時應用不窮可謂動而愈出也○河曰言空虛無有用竭時動搖之益出聲氣也○弼曰橐排橐也籥樂籥也橐籥之中空洞無情無爲故虛而不得窮屈動而不可竭盡也

天地之中蕩然任自然故不可得而窮猶若橐籥也〇雱曰虛其體也動其用也

多言數窮

河曰多事害神多言害身口開舌舉必有禍患〇雱曰非應而言則窮矣舉言則爲可知此聖人之事言而不爲者也

不如守中

明皇曰多言而不詶故數被窮屈兼愛則難徧便致怨憎故不如抱守中和自然皆足〇河曰不如守德於中育養精神愛氣

希言○弼曰愈爲之則愈失之矣物樹其惡事錯其言不齊不言不理必窮之數也槖籥而守數中則無窮盡棄己任物則莫不理若槖籥有意於爲聲也則不足以供吹者之求也○雱曰守中所以應萬變

谷神不死章第六

谷神不死

明皇曰谷者虛而能應者也神者妙而不測者也死者休息也谷之應聲莫知所以有感則應其應如神如神之應曾不休息

欲明至道虛而生物妙用難名故舉谷神以爲諭說〇河曰谷養也人能養神則不死也神謂五藏之神也肝藏魂肺藏魄心藏神腎藏精脾藏志五藏盡傷則五神去矣〇雱曰谷應而不窮神化而不測萬物受命於我而我未嘗生未嘗死者谷神也言神則極矣而加谷者且能虛能盈而又能容以應也以其活而不斃故但稱不死

是謂玄牝

明皇曰玄深也牝母也谷神應物沖用無

方深妙不窮能母萬物故寄谷神玄牝之號將明大道生畜之功○河曰言不死之道在於玄牝玄天也於人爲鼻牝地也於人爲口天食人以五氣從鼻入藏於心五藏清微爲精神聰明音聲五性其鬼曰魂魂者雄也主出入人鼻與天通故鼻爲玄也地食人以五味從口入藏於胃五性濁辱爲形骸骨肉血脉六情其鬼曰魄魄者雌也主出入於口與地通故曰爲牝也○雱曰谷神受命而玄牝賦以自爲陰陽以

成天地然本一物也由其受命故曰谷神
由其賦形故曰玄牝

玄牝之門是謂天地根

明皇曰深妙虛牝能母萬物萬物由出是
謂之門天地有形故資稟爲根本矣○河
靡一　二十四
曰根元也言鼻口之門是乃通天地之元
氣所從往來○雱曰玄牝體陰而一體之
中又自有陰陽稱門者異於户也萬物由
此門以出而不得見故曰玄牝之門

綿綿若存

河曰鼻口呼吸喘息當綿綿微妙若可存復若無有○雱曰綿綿引而不絶之謂神牝生生不盡而若有若無不可定有

用之不勤

明皇曰虛牝之用綿綿微妙應用若存其用無心故不勤勞矣○河曰用氣當寬舒不當急疾勤勞也○弼曰谷神谷中央無谷也無形無影無逆無違處卑不動守靜不衰谷以成而不見其形此至物也處卑而不可得名故謂之天地之根綿綿若存

用之不勤門玄牝之所由也本其所由與極同體故謂之天地之根也欲言存邪則不見其形欲言亡邪萬物以之生故綿綿若存也無物不成用而不勞也故曰用而不勤也〇雱曰動而愈出何勤之有

韲一　　二十五

道德真經集註卷之一

道德眞經集註卷之二　靡二

明皇　河上公　王弼　王雱　註

天長地久章第七

天長地久

明皇曰標天地長久者欲明無私無心則能長能久結喻成義在乎聖人後身外身無私成私爾○河曰說天地長生久壽以喻教人也

天地所以能長且久者以其不自生

河曰天地所以獨長且久者以其安靜施

不求報不如人居處汲汲求自饒之利奪人以自與○弼曰自生則與物爭不自生則物歸也

故能長生

明皇曰天地生物德用甚多而能長且久者以其資稟於道不自矜其生成之功故爾○河曰以其不求生故能長生不終也雱曰自生則有其生有其生則生既喪矣唯無以生爲則生未嘗生生未嘗生則所寓之形雖生而無生之累宜其長且久也

天地之不自生非利乎長久而然道固如此而已然所謂長久者亦瞬息之間耳唯蓋載傾陷而未嘗壞者乃其眞也

是以聖人後其身

河曰先人而後已也

而身先

河曰天下敬之先以爲長○雱曰聖人雖聖而形與物齊唯其體天道而不爭乃能獨異於衆使其立已而與衆敵則匹夫匹婦皆足以勝之

外其身

河曰薄已而厚人也

而身存

明皇曰後身則人樂推故身先外身則心志淡泊故身存○河曰百姓愛之如父母神明祐之若赤子故身常存○雱曰有我而存之則物皆吾敵夫唯超然自喪不有吾身者物莫能傾之

非以其無私邪

河曰聖人爲人所愛神明所祐非以其公

正無私所致乎

故能成其私

明皇曰天地忘生養之功是無私而能長且久是成其私聖人後外其身是無私而能先能存是成其私也○河曰人以爲私者欲以厚己也聖人無私而己自厚故能成其私也○弼曰無私者無爲於身也身先身存故曰能成其私也○雱曰聖人無私未嘗有我故也使計而爲之則私孰甚焉

上善若水章第八

上善若水

明皇曰将明至人上善之功故舉水性幾道之喻○河曰上善之人如水之性○雱曰水者五行之首方出空無而入實有者也離道未遠故其性最近道蓋離道則善名立矣上善若水物理自然

水善利萬物

河曰水在天爲霧露在地爲泉源也

而不爭處衆人所惡

河曰衆人惡卑濕垢濁水獨靜流居之也弼曰人惡卑也○雱曰處一本作居

故幾於道矣

明皇曰幾近○河曰水性幾與道同○弼曰道無水有故曰幾○雱曰人有心心爲火火騰上而明故好爭唯忘心體道者能利物而無心勝物也

居善地

明皇曰上善之人處身柔弱亦如水之居地潤益一切地以卑用水好下流○河曰

水性善喜於地在草木之上即流而下有以於地動而下人也○雱曰趣下而流

心善淵

明皇曰用心深靜亦如水之泉停矣○河曰水深空虛淵深清明○雱曰深靜而乎內明外晦

與善仁

明皇曰施與合乎至仁亦如水之滋潤品物矣○河曰萬物得水以生與虛而不與盈也

言善信

明皇曰發言信信實亦如水之行險不失其信矣○河曰水内影照形不失其情也○雱曰萬逝必東

政善治

明皇曰從政善理亦如水之洗滌羣物令其清靜矣○河曰無有不洗清且平也○雱曰任理而不任情積柔弱而勝重大

事善能

明皇曰於事善能因任亦如水性方圓隨

器不滯於物○河曰能方能圓曲直隨形
雱曰唯變所適故無不能也

動善時

明皇曰物感而應不失其時亦如水之春泮冬凝矣○河曰夏散冬凝應期而動不失天時○雱曰決之則流壅之則止不先物動亦不失時

夫惟不爭

河曰壅之則止決之則流聽從人也

故無尤矣

明皇曰上善之人虛心順物如彼水性壅止決流既不違迕於物故無過尤之地○河曰水性如是故天下無有怨尤水者也弼曰言水皆應於此道也○雱曰水體一而物莫能易故能兼此諸善蓋有德於物而常下物是以有德使有心於爲德則不能成德矣故篇終又言之

持而盈之章第九

持而盈之不如其已

明皇曰執持盈滿使不傾失積財爲累悔

吝必生故不如其已已止也○河曰盈滿也已止也持滿必傾不如止也○弼曰持謂不失德也既不失其德又盈之勢必傾危故不如其已者謂乃更不如無德無功者也○雱曰持而盈之有意於有所以失之雖忘有有之爲有而有之以無有則無失無溢矣

揣而銳之不可長保

明皇曰揣度銳利進取榮名富貴必驕坐招殃咎故不可長保○河曰揣治也先揣

之後必棄捐○弼曰既揣末令尖又銳之令利勢必摧衂故不可長保也○雱曰揣者巧於度情銳者利於入物且事物無盡而吾持一身以遇其變則揣銳之工有時困矣豈可長保乎故至人因時乘理而接之以無我則其出無方而所應不窮也

金玉滿堂莫之能守

明皇曰此明盈難久持也○河曰嗜欲傷神財多累身○弼曰不若其已○雱曰實外物而守之所守非所有也豈能久乎

富貴而驕自遺其咎

明皇曰此明銳不可揣也憍猶心生故咎非他與〇河曰夫富當賑貧貴當憐賤而反驕恣必被禍患也〇弼曰不可長保也雱曰驕生於恃外恃外之人何足筭乎四者皆以己有物與爲驕者同累然自持盈而下每失彌甚

功成名遂身退天之道

明皇曰功成名遂者當退身以辭盛亦如天道盈虛有時則無憂患矣〇河曰言人

所爲功成事立名迹稱遂不退身避位則遇於害此乃天之常道也譬如日中則移月滿則虧物盛則衰樂極則哀○弼曰四時更運功成則移○雱曰寒暑相推物極則返陰陽代運天道回然而世之愚者一遭其變一犯其名則終身有之認以爲己曾不知造化之密移吉凶之倚伏故終至於坐蒙憂患無以自存唯至人不然藏金玉而不寶居富貴而不榮凡物之來寄者如陰影集身窅然不知其在彼邪在我邪

然則豈持盈以爲愼揣鋭以爲工乎苟非無我之妙其何以與於此天之道大矣而莫尚乎是

載營魄章第十

載營魄

河曰營魄魂靡二魄也人載魂魄七之上得以生當愛養之喜怒亡魂卒驚傷魄魂在肝魄在肺美酒甘殽傷人肝肺故魂靜志道不亂魄安德壽延年也○雱曰魄陰物形之主也神之爲物廣大通達而不自了者神

常載於魄故神反拘於形體此廣者所以狹通者所以滯也欲學此道者當先廓其志氣勿累於形體使神常載魄而不載於魄則可以抱一而體神矣竊嘗論曰人之既死有升沉之異者良由滅神徇形以神從魄故至於淪乎幽陰化爲異物也若夫神完之人雖魄之陰滯將與神爲一而無所不之矣聖人之死曰神不從魄也其始也亦載魄而已

抱一能無離乎

明皇曰人生始化曰魄既生魄陽曰魂魄則陰虛魂則陽滿言人載虛魄常須營護復陽陽氣充魄則爲魂魂能運動則生全矣一者不雜也復陽全生不可染雜故令抱守淳一能無離身乎○河曰言人能抱一使不離於身則長存一者道始所生太和之精氣也故曰一布名於天下天得一以清地得一以寧侯王得一以爲正平入爲心出爲行布施爲德總名爲一一之爲言志一無二也○弼曰載猶處也營魄人

之常居處也一人之眞也言人能處常居之宅抱一清神能常無離乎則萬物自賓也○雱曰一者精之數不言精而言一者守一則精不搖矣學道歸乎復性復性歸乎體神所以不能神者由逐末忘本以物易己故喪精失靈沉爲下愚也陰陽之靈曰魂魄魂陽故遊遊而止我身者以魄爲之配也魄陰故營營止也故學者必先寧其志氣使精魄靜一魄止則魂定精一則神全矣一生水水爲精人之初生因精集

神本自渾全而不能了者常至於離析聚散其名曰罔兩罔者神不明兩者精不一也莊子曰無摇汝精抱一之謂也蓋精神水火之象火無常形因膏顯照神則廓然無體不可致工但當存精而已如增膏而火明培根而葉茂也魂魄精神既不虧耗然後心强氣順不爲物使靜則體道作則契理妙而極之則與神爲一更絶四名矣此學者之至要萬世聖賢皆由此義求不在外當由心得之

專氣致柔能如嬰兒乎

明皇曰專一沖氣使致和柔能如嬰兒無所分別乎○河曰專守精氣使不亂則形體能應之而柔順能如嬰兒內無思慮外無政事則精神不去也○弼曰專任也致極也言任自然之氣致至柔之和能若嬰兒之無所欲乎則物全而性得矣○雱曰人生有三曰精曰神曰氣精全則神全神全則能帥氣矣神衰而不足以帥氣則氣作不常使人陷於非道孟子曰志者氣之

帥也楊雄曰氣者所適善惡之馬歟帥懦而衆悖則師必亡焉怒而御疲則車必敗神不能專氣則喜怒哀樂雜氣所爲沈陷越佚理固然也古之士無不曉此苟未及此則當清心以防之孔子所謂三戒皆防氣也門人獨顔回能專氣故曰不遷怒氣之暴在陽而陽之發者莫暴於怒於怒可以無遷則非專氣而何人生本具聖質氣佚而不能專故自壯以往離道彌遠能抱一則神全神全則氣柔氣柔則眞全所以

與嬰兒同專者有而擅其權之謂

滌除玄覽

河曰當洗其心使潔清也心居玄冥之處覽知萬事故謂之玄覽也

能無疵乎

明皇曰玄覽心照也疵瑕病也滌除心照使令清靜能無疵病乎○河曰不淫邪也弼曰玄物之極也言能滌除邪飾至於極覽能不以物介其明疵之其神乎則終與玄同也○雱曰能專氣則性定性定則智

明智明則可以蕩滌除去而玄覽至理矣既燭其理則世間萬態同爲至妙儻覩一疵則非識理也

愛民治國

河曰治身者愛氣則身全治國者愛民則國安

能無爲乎

明皇曰愛養萬人臨理國政能無爲乎當自化矣自上營魄皆教脩身身脩則德全故可爲君矣○河曰治身者呼吸精氣無

令耳聞也治國者布施惠德無令下知也弼曰任術以求成運數以求匿者智也玄覽無疵猶絶聖也治國無以智猶棄智也能無以智乎則民不辟而國治也○雱曰如上說爲己之道盡矣然則可以其餘及人也老子之言專於復性有爲則非所以使民安性故雖愛治而不尚有爲此道之至也

天門開闔

河曰天門謂北極紫微宫開闔謂終始兩

際也治身天門謂鼻孔開謂喘息闔謂呼吸也

能爲雌乎

明皇曰天門歷數所從出開闔謂理亂言人君應期受命能守雌靜則可以永終天祿矣又解云易曰一闔一開謂之變言聖人撫運應變無常不以雄成而守雌牝亦如天門開闔虧盈而益謙也○河曰治身當如雌牝安靜柔弱治國應變和而不唱弼曰天門謂天下之所由從也開闔治亂

之際也或開或闔經通於天下故曰天門開闔也雌應而不唱因而不爲言天門開闔能爲雌乎則物自賓而處自安矣○雱曰至人無心於作精神出入皆應而不唱莊子所謂有物采之者老子於四時當秋其德主金靜一復性者也故其尚如此至於易則先天後天無非道者

明白四達

河上曰言道明白如日月四達滿於天下八極之外故曰視之不見聽之不聞彰布之

於十方煥煥煌煌也

能無知乎

明皇曰人君能爲雌靜則萬姓樂推其德明白如日四照猶須忘功不宰故曰能無知乎○河曰無有能知道滿於天下者○弼曰言至明四達無迷無惑能無以爲乎則物化矣所謂道常無爲侯王若能守則萬物自化○雱曰理無足知知以應物既知至理則自當無知唯能無知故無所不知也如昭然有知則是不知無知之

妙何足謂知也竊嘗論之聖智下愚本無殊品因愚顯智乃有聖名聖人本心何嘗自聖故明白四達而初無所知乃真聖人之知也

生之畜之

河曰道生萬物而畜養之〇弼曰不塞其原也不禁其性也〇雱曰道備如上則造化在我可以生畜萬物矣

生而不有

河曰道生萬物無所取有〇雱曰道生萬

物物之與道常爲一體誰有之者

爲而不恃

河曰道所施爲不恃望其報也○雱曰不得已而爲爲於已然之時雖有爲之之功而超然自喪豈復矜恃哉

長而不宰

河曰道長養萬物不宰割以爲器用○雱曰道如上文則可長天下以無爲矣雖在物上一如標枝然豈有分割之功乎

是謂玄德

明皇曰令物各遂其生而畜養之遂生而不以爲有修爲而不恃其功居長而不爲主宰人若能如此者是謂深玄之德矣○河曰言道行德玄冥不可得見欲使人如道也○弼曰不塞其源則物自生何功之有不禁其性則物自濟何爲之情物自長足不吾宰成有德無主非玄如何凡言玄德皆有德而又知其主出乎幽冥○雱曰玄爲妙體德之至也昔舜在側微書聞玄德蓋至德常在於無思無爲此篇之義主

於無爲故雖爲長而德猶稱玄也此篇自爲士以至於體神入聖脩身之序盡矣

三十輻章第十一

三十輻共一轂

河曰古者車三十輻法月數也共一轂者轂中有孔故衆輻共湊之治身者當除情去欲使五藏空虛神乃歸之也治國者寡能總衆弱共扶强

當其無有車之用

明皇曰此明有無功用相資而立三十輻

者明造車共一轂者因言少總衆夫輮輞之有共則成車車中空無乃可運用若無輮輞之有亦無所用之車車中若不空無則輮輞之有皆爲棄物矣○河曰無謂空虛轂中空虛輪得轉行轝中空虛人得載其上也○弼曰轂所以能統三十輻者無也以其無能受物之故故能以實統衆也雱曰共一本作用

埏埴以爲器

河曰埏和也埴土也和土以爲飲食之器

當其無器之用

明皇曰埏和也埴土也陶匠和土爲瓦缶之器○河曰器中空虚故得有所盛受

鑿戶牖以爲室

河曰謂作屋室

當其無有室之用

明皇曰古者陶穴以爲室宇亦開戶牖故云鑿爾○河曰言戶牖空虚人得以出入觀視室中空虚人得以居處是其用也○雱曰凡此三物或運轉或貯盛或居處而

皆以無有爲用

故有之以爲利

河曰利物也利於形用器中有物室中有人恐其屋破壞腹中有神畏形之消亡也

無之以爲用

明皇曰有體利無以無爲利無體用有以有爲用且形而上者曰道形而下者曰器將明至道之用約形質以彰故借麤有之用無以明妙無之利有爾○河曰言虛空者乃可用盛受萬物故曰虛無能制有形

道者空也○弼曰木埴壁所以成三者而皆以無爲用也言無者有之所以爲利皆賴無以爲用也○雱曰無非有對因有有無於無之中復有妙有不窮之用妙有之功若夫有物之有具存形質非能應於不窮者也故但爲利利陰屬也雖然此有無之論耳極而言之則無不離有有亦眞無非有非無乃眞妙有也

五色章第十二

五色令人目盲

道德真經集註

河曰貪淫好色則傷精失明也

五音令人耳聾

河曰好聽五音則和氣去心不能聽無聲之聲

五味令人口爽

明皇曰目悦青黄之觀耳耽宫徵之音口嗛芻豢之味傷當過分則坐令形骸聾盲

河曰爽亡也人嗜五味於口則口亡言失於道味也○雱曰人生而静目物有遷耳自本自希夷而聲色在前眞從妄喪口之

於味亦復如此故昧於聲聲色色味味之妙者聲色味也

馳騁田獵令人心發狂

明皇曰馳騁代務執著有爲如彼田獵唯求殺獲日以心鬭逐境奔馳静而思之是發狂病○河曰人精神好安静馳騁呼吸精神散亡故發狂也○弼曰爽差失也失口之用故謂之爽失耳目心口皆順其性也不以順性命反以傷自然故曰盲聾爽狂也○雱曰足於内則得逐於外則惑故

馳騁田獵血氣俱作心爲發狂明逐物失性

難得之貨令人行妨

明皇曰性分所無求亦不得安求難得故令道行有所妨傷○河曰妨傷也難得之貨謂金銀珠玉心貪意欲不知厭足則傷身辱也○弼曰難得之貨塞人正路故令人行妨也○雱曰難得之貨非適於養己而愚者安以爲美因毀行以求之唯明乎天下之良貴與夫有萬之富則外物莫能

傷矣

是以聖人爲腹

河曰守五性去六情節志氣養神明

不爲目

河曰目不妄視妄視泄情於外

故去彼取此

明皇曰取此舍受之腹去彼妄視之目

河曰去彼目之妄視取此腹之養性○弼曰爲腹者以物養已爲目者以目役已故聖人不爲目也○雱曰腹無所不容目觸

類分別

寵辱章第十三

寵辱若驚

明皇曰操之則慄捨之則悲未忘寵辱故皆驚也○河曰身寵亦驚身辱亦驚○雱

曰心榮於見寵則辱孰甚焉

貴大患若身

明皇曰身爲患本故矜貴其身即如貴大患矣此合云貴身如貴大患而乃云貴大患如身者欲明起心貴身即是大患有貴

即身是大患故云貴大患如身若此也此上兩句正標○河曰貴畏也若至也畏大患至身故皆驚○雱曰有貴而累其心則其患大矣如人有身動輒自累

何謂寵辱

河曰問何爲寵何爲辱寵者尊榮辱者恥辱及身還自問者以曉人也○雱曰一本此有若驚二字非也若曰寵乃世之所榮何以爲辱乎設問以發下文

寵爲下

明皇曰前標寵辱如驚恐人不了故問何謂寵辱夫得寵憍盈無不生禍是知寵爲辱本故答云寵爲下○河曰辱爲下賤○雱曰受寵於人則爲下之道趙孟能賤之者寵於人者也凡生莫不有眞君足以高天下莫不有眞宰足以制萬物而愚者失其良貴逐物求榮與奪之權在人之手而吾之憂喜繫於得失豈不早且惑乎驚生於有愛而畏奪故有寵之累如驚也彼三仕三已而無喜慍之色者固驚乎謂誰受

寵而不自榮則居寵而非辱矣

得之若驚

河曰得寵榮驚者處高位如臨危也貴不敢驕不敢奢

失之若驚

河曰失者失寵處辱也驚者恐禍重來也

摩二　丁八

是謂寵辱若驚

明皇曰寵辱循環寵爲辱本凡情惑滯雖辱而不驚寵故聖人戒云汝之得寵當如汝得辱而驚則汝之失寵得辱亦如吾戒

汝得寵而驚懼也故結云是謂寵辱若驚

弼曰寵必有辱榮必有患驚辱等榮患同也爲下得寵辱榮患若驚則不足以亂天下也○雱曰爲其得失之際有若驚之心是以辱也

何謂貴大患若身

明皇曰恐人不曉即身是患本故問之○河曰復還自問何故畏人若身○弼曰大患榮寵之屬也生之厚必入死之地故謂之大患也人迷之於榮寵返之於身故曰

大患若身也○雱曰貴者在物之上而有國家有之而不能忘則爲患大矣譬人有身珍而累之則寒暑疾痛萬緒皆作豈非大患乎市南子曰堯非有人非見有於人者也貴者有人寵者見有於人唯聖人能免此二者

痒非二　十九

吾所以有大患者爲吾有身

明皇曰身相虛幻本無眞實爲患本者以吾執有其身痛痒寒温故爲身患○河曰吾所以有大患者爲吾有身憂其勤勞念

其飢寒觸情從欲則遇禍患也○弼曰由有其身也

及吾無身

弼曰歸之自然也

吾有何患

明皇曰能知天地委和皆非我有離形去智了身非身同於大通夫有何患○河曰使吾無有身體得道自然輕舉昇雲出入無間與道通神當有何患○雱曰萬物與我爲一則與道玄同而萬變皆忘吉凶息

卷二第二十四

矣而愚者不能自解恃形爲已故形之所遭觸途生患老子先明寵貴之累而寵貴之累皆縁有身而生故因譬貴之若身遂及無身之妙莊子曰忘其所不忘而不忘其所忘是之謂誠忘亦明此義而孔子毋我理與是同學期於此而已然所謂無者豈棄而去之乎但有之而未嘗有則不累矣且崇高莫大乎富貴誠能有之以無有則聖人所爲濟世也亦何患之有其於寵也亦若斯而已矣

故貴以身爲天下若可寄天下

河曰言人君貴其身而賤人欲爲天下主者則可以立不可以久也○弼曰無物以易其身故曰貴也此乃可以託天下也

愛以身爲天下若可託天下

明皇曰此章首標寵辱之戒後以託寄結成者天寵辱若驚未忘寵辱貴愛以爲未忘貴愛故以辱校寵則辱不如寵以貴方愛則貴不如愛驚寵辱者尚有寵辱介懷存貴愛者未爲兼忘天下故初則使驚寵

如辱後欲令寵辱俱忘假寄託之近名辯兼忘之極致忘寵辱則無所復驚忘身則無爲患本忘天下則無寄託之近名○河曰言人君能愛其身非爲己也乃欲爲萬民之父母以此得爲天下主者乃可以託其身於萬民之上長無咎也○弼曰無物可以損其身故曰愛也如此乃可以寄天下也不以寵辱榮患損易其身然後乃可以天下傳之也○雱曰聖人無身故土苴足以堯舜有身而爲之則累矣苟未及乎

無身則雖尊生重本不以物易已者如可以寄託天下貴者不辱其身愛者不危其身子州支父王子搜之徒是也若此二人者豈榮其寵累其貴乎一本作可以託天下矣可以寄天下矣此王弼取南華為定非是

華二　二十一

視之不見章第十四

視之不見名曰夷

明皇曰此明道也夷平易也道非色故視不可見以其於無色之中能色故詔曰夷

○河曰無色曰夷言無采色不可得視而見之○雱曰道至於萬法平等無有高下之處非目所覩

聽之不聞名曰希

明皇曰希者聲之微也道非聲故聽之不聞以其於無聲之中獨能和焉故曰希河曰無聲曰希言一無音聲不可得聽而聞之○雱曰物相感觸乃有聲響大道不與物鄰用心求之其去已遠故曰希則經所謂大音也

搏之不得名曰微

明皇曰搏執持也微妙也道無形故執持不得以其於無形之中而能物焉故詺曰微○河曰無形曰微言一無形體不可搏持而得之

此三者不可致詰

河曰三者謂夷希微也不可致詰者夫無色無聲無形口不能言書不能傳當受之靜求之以神不可詰問而得之也

故混而爲一

明皇曰三者將以詰道道非聲色形法故詰不可得但得希夷微爾道非希夷微故復混而爲一○河曰混合也故合於三名之而爲一○弼曰無狀無象無聲無響故能無所不通無所不往不得知更以我耳目體不知爲名故不可致詰混而爲一也

雱曰三者本一體而人所以求之者或以視或以聽或以搏故隨事强名雖然所用求者與夫所欲求者未嘗不一也唯了吾一則與彼一脗然爲一矣

其上不皦

河曰言一在天上不皦皦光明

其下不昧

明皇曰在上必明在下者必昧唯道於上非上在上亦不明於下非下在下亦不昧

河曰言一在天下不昧昧有所闇冥○雱曰凡物有質則具陰陽上皦下昧理必然也唯道無物故混然而成此言道之定體

莊子曰失吾道者上見光而下爲土

繩繩兮不可名

河曰繩繩者動行無窮極也不可名者非一色也不可以青黃白黒別非一聲也不可以宫商角徵羽聽非一形也不可以長短大小度之也

復歸於無物

疏第二 二十三

明皇曰繩繩者運動不絕之意不皦不昧運動無窮生物之功名目不得非物能物故常生物而未始有物妙本湛然故云復歸於無物○河曰物質也復當歸之於無質○雱曰道有常度其理可信故曰繩繩

雖繩而實無定體故不可名要其極也未始有物至矣不可加矣

是謂無狀之狀

河曰言一無形狀而能爲物作形狀也○雱曰有而不可見

無物之象

河曰一無物質而爲萬物設形象也○弼曰欲言無邪而物由以成欲言有邪而不見其形故曰無狀之狀無物之象也○雱曰有而不可得

是謂惚恍

明皇曰是謂無形狀之狀無物質之象不可名有不可名無無有難名故謂之惚恍

河曰一忽忽恍恍若存若亡不可見之也

弼曰不可得而定也○雱曰忽者有之疑於無恍者無之疑於有道之爲物非有非無不可定名

迎之不見其首

河曰一無端末不可預待也除情去欲一自歸之也

隨之不見其後

明皇曰無始故迎之不見其首無後故隨之不見其後○河曰言一無影迹不可得而著○雱曰物有定體乃分前後道既無形孰爲首尾此言道之運用故可迎隨雖

曰迎隨而迎隨在物道未嘗異

執古之道以御今之有

明皇曰執古無爲之道以御今有爲之事則還反淳樸也○河曰聖人執守古道主一以御物知今當有一也○弼曰有有其

事○雱曰古之道謂古今常一之道唯其古今常一故可御世故之萬變

能知古始

雱曰推而上之至於無初之初乃知物無所從來則道之情得矣

是謂道紀

明皇曰能知古始所行是謂道化之綱紀河曰人能知上古本始有一是謂知道綱紀也○弼曰無形無名者萬物之宗也雖今古不同時移俗易故莫不由乎此以成

其治者也故可執古之道以御今之有上古雖遠其道存焉故雖在今可以知古始也○雱曰道之紀要古今不變者是則莊子所謂無端之紀也

道德真經集註卷之二

卷二第三十一

道德眞經集註卷之三　靡三

明皇　河上公　王弼　王雱　註

古之善爲士章第十五

古之善爲士者

河曰謂得道之君也

微妙玄通

河曰玄天也言其志節玄妙精與天通也

深不可識

明皇曰士事也言古之善以道爲事者於彼微言妙道無不玄鑒通照而德容深邃

不可識知○河曰道德深遠不可識知內視若盲反聽若聾莫知所長○雱曰士者事道之名微而妙玄而通有此道而退藏於密密者性本之內故無迹可見當時為士者異於此矣故稱古之善為士者

夫唯不可識故強為之容

明皇曰夫唯德量難識故強為容狀以明之謂下文也○河曰謂下句也

豫兮若冬涉川

明皇曰豫閑豫也善士於代閑豫如涉冬

川衆人貧著故畏懼今我不染故閑豫也河曰擧事輒加重慎與與兮若冬涉川心難之也○弼曰冬之涉川豫然若欲度若不欲度其情不可得見之貌○雱曰豫者先事而戒之謂至人無心於物迫而後動冬涉者臨事逡巡若不得已也莊子曰不從事於務

猶兮若畏四鄰

明皇曰猶豫疑難也上言善士不染故閑豫及觀行事甚疑難如今代人懼鄰戒○

河曰其進退猶猶如拘制若人犯法畏四鄰知之也○弼曰四鄰合攻中央之主猶然不知所趣向也上德之人其端兆不可覩德趣不可見亦猶此也○雱曰可以無戒而猶戒曰猶至人静密幽深不出性宅故常如畏鄰歛行而不縱也

儼若容

河曰如容由至人儼然無所造作也○雱曰不以事爲己任故其容寂

渙若氷將釋

明皇曰雖則儼然若容無所造爲而不凝滯於物渙然若春冰之釋散也○河曰敦者解散釋者消亡除情去欲日以空虛○雱曰人生之始同於大空凝爲我體如水有冰故爲道有冰解凍釋者事至於此其容已不滯於一體渙然將釋矣切嘗原之人性如水爲造化所凝故結而不通彼釋者反本而已矣

敦兮其若樸

○明皇曰雖渙然冰釋曾不自矜而能敦厚

若質樸而無所分別○河曰敦者質厚樸者形未分内守精神外無文采也○雱曰材未爲器謂之樸喻性之全體由未釋之後乃能存天性之全而不雕於人僞故若樸也

曠兮其若谷

明皇曰其德量曠然寛廣無不含容若彼容谷○河曰曠者寛大谷者空虛不有德功名無所不包也○雱曰性全不虧而不自有其全故曠然空虛如谷之受且應也

渾兮其若濁

明皇曰和光渾迹若濁而清○河曰渾者守本眞濁者不照然也與衆合同不自尊弼曰凡此諸若皆言其容象不可得而形名也○雱曰水性本清而濁者混於物空人不自潔於物故渾然若濁者也

孰能濁以靜之徐清

明皇曰孰誰也誰能於彼澤濁以靜澄止之令徐自清乎○河曰孰誰也誰能如水之濁以而靜之徐徐自清也○雱曰澄性

者與澄水同加工則動而彌濁雖靜以俟之則徐自清矣有道之士所以物莫能濁者以其靜之徐清

孰能安以動之徐生

明皇曰誰能安靜於此清以久更求勝法運動修行令清靜之性不滯於法而徐動出也生猶動出○河曰誰能安靜以久徐徐以長生也○弼曰夫晦以理物則得明濁以靜物則得清安以動物則得生此自然之道也孰能者言其難也徐者詳慎也

雱曰歸於寂定感而遂通故徐徐以生終則有始也動之徐生則變動不居非物能止夫誰能安之爲此者信陰陽之理乘自然之運而無心其間故皆曰徐言濁則知安之清言安則知動之濁與上篇徼妙之文同

保此道者不欲盈

明皇曰欲保保此徐清徐生之道當須無所執滯若執清求生是謂盈滿將失此道故云不欲盈○河曰保此徐生之道不欲奢

泰盈溢○雱曰不盈之盈乃大盈也如見道之後盈而有之則是自有此道違道遠矣

夫惟不盈是以能敝不新成

明皇曰夫唯不盈滿之人故能以新證之行爲敝薄不以其新成而滯著也○河曰夫唯不盈滿之人能守敝不爲新成敝者匿光榮也新成者貴功名○雱曰道本無體非器所盛用則有餘求之不得故有道者未嘗盈而其用不窮也得道者未嘗盈

則成道者未嘗新也道之爲用通萬物而不敝以其無敝無新不成不敗故也敝生於新敗生於成士雖成道而常若敝敗矣苟得道之初矜其新成則與道異意非大成也經曰大成若缺其用不敝此篇句句有序以至於成成而若敝則盡之矣

辟三　五

致虛極章第十六

致虛極

河曰得道之人損情去欲五內清靜至於虛極

○守靜篤

明皇曰虛極者妙本也言人受生皆禀虛極妙本及形有受納則妙本離散今欲令虛極妙本必致於身當須絶棄塵境染滯守此雌靜篤厚則虛極之道自致於身矣

河曰守清靜行篤厚○弼曰言致虛物之極篤守靜物之真正也○雱曰致虛欲極守靜欲篤欲觀物理者必先致一也學者之事實則妨道動則違性故爾

萬物並作

河曰作生也萬物並生也○弼曰動作生長○雱曰萬物由虚靜出生還歸於虚靜春生秋死之變可見矣

吾以觀其復

明皇曰老君云何以知守雌靜則能致虚極乎但觀萬物動作云爲及其歸復常在於靜故知爾○河曰言吾以觀見萬物無不皆歸其本也人當念重本也○弼曰以虚靜觀其反復凡有起於虚動起於靜故萬物雖並動作卒復歸於虚靜是物之極

篤也〇雱曰虚靜則明明則見理見理非以有為將觀復性之情也

夫物芸芸

河曰芸芸者華葉盛

各復歸其根

明皇曰又云所以萬物歸復常在於靜者為華葉芸芸生性皆歸復其根故本有作芸芸者芸芸動作也言夫物芸芸動作者及其歸復皆在根本爾〇河曰言萬物無不枯落各復反其根而更生也〇弼曰各

反其所始也○雱曰復復性起用復還性根動植雖殊理歸一致

歸根曰靜

河曰浮謂根也根安靜柔弱謙卑處下故不復死也

靜曰復命

明皇曰華葉芸芸者生性歸根則靜止矣人能歸根至靜可謂復所禀之性命○河曰言安靜者是爲復還性命使不死也○雱曰有生曰性性禀於命命者在生之先

道之全體也易曰窮理盡性以至於命觀復窮理也歸根盡性也復命至於命也至於命極矣而不離於性也

復命曰常

河曰復命使不死乃道之所常行也○弼曰歸根則靜故曰靜靜則復命故曰復命也復命則得性命之常故曰常也○雱曰出生則入有入有則系數然則密移之變頃刻不停唯復命則湛然常寂物莫能遷矣

知常曰明

明皇曰守靜復命可謂有常知守常者更益明了○河曰能知道之所常極則爲明雱曰所知非常則非眞知也聖人所貴夫明者自見而已

不知常妄作凶

明皇曰不恒其德或承祭之羞失常妄作窮凶必矣○河曰不知道之所常行妄作巧詐則失神明故凶也○弼曰常之爲物不偏不彰無皦昧之狀温涼之象故曰知

常曰明也唯此復乃能包通萬物無所不容失此以往則邪入乎分則物離分皆曰不知常則妄作凶也○雱曰不會於性命之極則種種色相皆以爲實因生妄情與接爲搖窮萬世而不悟陰陽之禍慘孰甚焉

知常容

明皇曰知守眞常則心境虛靜如彼空谷無不含容○河曰能知道之所常行則去情忘欲無所不包容也○弼曰無所不包

通也○雱曰知常則達乎無疵何所不容

容乃公

明皇曰含容應物無心既無私邪故爲公正○河曰無所不包容則公政無私○弼曰無所不包通則乃至于蕩然公平也○雱曰無物我之殊何私之有

公乃王

明皇曰能公正無私者則爲物所歸往○河曰公政無私則可以爲天下王○弼曰蕩然公平則乃至于無所不周普也○雱

曰內公則外王

王乃天

明皇曰萬物樂推如天之覆則與天合德河曰能王德合神明乃與天通○弼曰無所不周普則乃至于同乎天也○雱曰王者人道之至極極人之道乃通於天

天乃道

明皇曰王德如天乃能行道○河曰德與天通則與道合同也○弼曰與天合德體道大通則乃至于極虛無也○雱曰因有

道乃與天侔侔天乃所以盡道道則莫知其天乎人乎

道乃久

明皇曰道行天下乃可以久享福祚矣○河曰與道合同乃能長久○弼曰窮極虛無得物之常則乃至于窮極也○雱曰所謂常也

沒身不殆

明皇曰同天行道則終沒其身長無危殆之事矣○河曰能公能王通天合道四者

純備道德弘遠無殃無咎乃與天地俱沒不危殆也○弼曰無之爲物水火不能害金石不能殘用之於心則兕虎無所投其爪角兵戈無所容其鋒刃何危殆之有乎雱曰天地並生萬物爲一孰能危之

太上章第十七

太上下知有之

明皇曰太上者淳古之君也下知者臣下知上有君尊之如天而無施教有爲之迹故人無德而稱焉○河曰太上謂大君無

名之君也下知有之者下知上有君而不臣事質樸也○弼曰太上謂大人也大人在上故曰太上大人在上居無爲之事行不言之教萬物作焉而不爲始故下知有之而已○雱曰因三皇之出無爲而治使民各遂而不知其然豈得而親譽之乎

其次親而譽之

明皇曰逮德下衰君行善教仁見故親之功高故譽之○河曰其德可見恩惠可稱故親愛而譽之○弼曰不能以無爲居事

不言爲教立善施化使下得親而譽之也○雱曰政有明效則百姓戴恩懷德毀譽之名彰雖足以爲治一時而上已離道德之全下已失性命之正亂自此始矣此仁義之治

其次畏之

河曰設刑法以治之○弼曰不能復以恩仁令物而賴威權也○雱曰此法制之治

其次侮之

明皇曰德又下衰君多弊政則驅以刑罰

故畏之懷情相欺明不能察故侮之○河曰禁多令煩不可歸誠故欺侮之○弼曰不能法以正齊民而以智治國下知避之其令不從故曰侮之也○雱曰失德無政則民侮之一本作畏之侮之無其次二字

信不足焉

河曰君信不足於下下則有巧詐民

有不信焉

明皇曰畏之侮之者皆由君信不足故令下有不信之人○河曰君信不足於下下

則應之以不信而欺其君也○弼曰言從上也夫御體失性則疾病生輔物失眞則疵釁作信不足焉則有不信此自然之道也已處不足非智之所濟也○雱曰孟子曰有諸己之謂信經曰其中有信人盡其性則不失天命之常故曰信也上離道而治則非性之質而失其常矣故於信爲不足上於信不足則下必至於偷薄詐僞故曰有不信也下有不信亂之大者

猶兮其貴言

明皇曰親之譽之者由君有德教之言故貴其言而親譽之○河曰說太上之君舉事猶貴聖於言恐離道失自然○雱曰猶豫之猶猶者不決貴者不輕也莊子曰言者風波也聖人出言常若有所疑不敢輕發言且不敢輕而況於爲乎民之難治以其上之有爲也是以聖人猶難之一本無兮字非

功成事遂

河曰謂天下太平也

百姓皆謂我自然

明皇曰功成而不執事遂而無爲百姓日用而不知謂我自然而成遂則太上下知也○河曰百姓不知君上之德淳厚反以爲己自當然也○弼曰自然其端兆不可得而見也其意趣不可得而覩也無物可以易其言言必有應故曰猶兮其貴言也居無爲之事行不言之教不以形立物故功成事遂而百姓不知其所以然也○雱曰遷善遠罪而莫知爲之者是也

大道廢章第十八

大道廢有仁義

明皇曰澆淳散樸大道不行曰仁與義小成遂作濡沫生於不足周弊起於有為然則聖人救世之心未嘗異而夷險之迹不得一爾○河曰大道之時家有孝子戶有忠信仁義不見也大道廢不用惡逆生乃有仁義可傳道○弼曰失無為之事更以施慧立善道進物也

智惠出有大僞

明皇曰用智惠者將立法也法出而姦生則有大僞矣○河曰智惠之君賤德而貴言賤質而貴文下則應之以爲大僞姦詐弼曰行術用明以察姦僞趣覩形見物知避之故智惠出則大僞生也

六親不和有孝慈

明皇曰父子夫婦兄弟六親也疎戚無倫不和也久親各子有孝慈也皆由失道故有偏名○河曰六親絶親戚不和乃有孝慈相收養也○雱曰至德之世民盡其性

六親非不孝慈而孝慈以爲常故無孝慈之名令尚孝慈之行而尊之者更由六親有不和故也

國家昏亂有忠臣

明皇曰太平之時上下交足何異名乎昏亂之日見危致命有忠臣矣○河曰政令不行上下相怨耶偽爭權乃有忠臣匡救其君也○弼曰甚美之名生於大惡所謂美惡内門六親父子兄弟夫婦也若六親自和國家自治則孝慈忠臣不知其所在

矣魚忘於江湖之道則相濡之德生也〇

雱曰明治則人無不忠孰爲忠臣

絕聖棄智章第十九

絕聖

河曰絕聖制作反初守元五帝畫象倉頡作書不如三皇結繩無文

棄智

河曰棄智惠反無爲

民利百倍

明皇曰絕聖人言教之迹則化無爲棄凡

夫智詐之用則人淳樸淳樸則巧僞不作無爲則矜徇不行人挹天和物無天性是有百倍之利○河曰農事無私○雱曰民之性質純粹無疵以其失眞沉僞故强立聖智以爲君師而民因聖智之迹更逐而不反離本愈遠矣故有一時之小補而終使民喪其不貲之樸絶而棄之則民復於無事其利可勝計哉

絶仁棄義

河曰絶仁之見恩惠棄義之尚華信

民復孝慈

明皇曰絕兼愛之仁棄裁制之義則人復於大孝慈矣○河曰德化淳也○雱曰至德之世父子相親而足今更生仁義則名實交糾得失紛然民性亂矣蓋盛於末者本必衰天之道也孝慈仁義之本也或曰孔孟明堯舜之道專以仁義而子以老氏為正何如曰夏以出生為功而秋以收斂為德一則使之榮華而去本一則使之彫悴而反根道歲也聖人時也明乎道則孔

老相爲終始矣

絶巧棄利

河曰絶巧者詐僞亂眞也棄利者塞貪路閉權門也

盗賊無有

明皇曰人矜偏能之巧必有爭利之心故絶巧則人不爭棄和則人自足足則不爲盗賊矣○雱曰巧利勝則民欲侈而本業衰必至於爲盗上三事皆以末傷本者

此三者

河曰謂上三事所棄絶也

以爲文不足

河曰以爲文不足者文不足以教民〇雱曰文於質爲末末勝則不足民所以失性一本云文而未足非

故令有所屬

明皇曰此三者俱令絶棄未示修行故以爲此文不足至教更令有所著謂下文也

河曰當如下句〇雱曰令屬其性於下四事

見素抱樸

河曰見素者當抱素守真不尚文飾也抱樸者當見其質樸以示故可法則○雱曰不見物而見自性也素者性之質人生而静不染諸物故無文而素蓋秋之時萬物復静其色爲白天理固然樸者性之全以樸爲本以器爲末

少私寡欲

明皇曰見真素抱淳樸少私邪寡貪欲○河曰少私者正無私也寡欲者當知足也

弼曰聖智才之善也仁義人之善也巧利用之善也而直云云絶文甚不足不令有所屬無以見其指故曰此三者以爲文而未足故令人有所屬屬之於素樸寡欲○雱曰私欲皆有己之所爲有己則有物有

則外重外重則失本矣

絶學無憂章第二十

絶學

河曰絶學不眞不合道文

無憂

明皇曰絶仁爲俗學則淳樸不散少私寡欲故無憂也○河曰除浮華則無憂患也雱曰學所以求復命見至於命則不見有物無所用學矣爲道至此則避絶吉凶孰能憂之孔子曰樂天知命憂之大者有知有樂則非體道也

唯之與阿相去幾何

河曰同爲應對而相去幾何疾時賤質而貴文

善之與惡相去何若

明皇曰唯則恭譍阿則慢譍同出於口故云相去幾何而恭譍則善慢譍則惡以諭俗學絶之則無憂不絶則生患只在心識迴照豈復相去遠哉○河曰善者稱譽惡者諫爭能相去何如疾時惡忠直用邪佞也○雱曰道體本一已降於全復分陰陽擾擾起矣種種分別皆屬妄心照以道眞理同夢幻且唯之與阿同出於口元無異狀而世之人以唯爲恭以阿爲慢是非喜怒因此生情反求唯阿所以異者竟何謂

也善惡之殊亦若此矣

人之所畏不可不畏

明皇曰凡人所畏者慢與惡也善士所畏者俗學與有爲也皆當絶之故不可不畏河曰人爲道人也人所畏者畏不絶學之君也不可不畏近令色殺仁賢○弼曰下篇云爲學者日益爲道者日損然則學者求益所能而進其智者也若將無欲而足何求於益不知而中何求於進夫燕雀有匹鳩鴿有仇寒鄉之民必知旃裘自然已

足益之則憂故續鳧之足何異截鶴之脛畏譽而進何異異刑唯阿美惡相去何若故人之所畏吾亦畏焉未敢恃之以為用也○雱曰至人不見一物善惡無所分而不廢世人善惡諸法但於其中灑然不累耳自相去何若已上所以明心之無累而無累者本不自異於世故種種分別與民同之所謂吉凶與民同患也聖人絕累忘形亦可患乎而易有吉凶之象者因民情而已莊子曰不忽於人道既兼忘宜若忽

人事而實無忽也

荒兮其未央哉

明皇曰若不畏絶俗學則衆生正性荒廢其未有央止之時○河曰或言世俗人荒亂欲進學爲文未央止也○弼曰歎與俗相返之遠也○雱曰萬化相推終則有始生生無盡豈有央乎而世人欲物物爲之美惡不亦惑乎唯聖人能知萬古一時而無得失於其間也

○衆人熙熙

河曰熙熙淫放多情欲也

如享太牢

河曰如飢思太牢之具意無足時也

如春登臺

明皇曰衆人俗學有爲熙熙逐境如臨享太牢春臺登望動生貪欲○河曰春陰陽交通萬物感動登臺觀之意志淫淫然○弼曰衆人迷於美進惑於榮利欲進心競故熙熙若享太牢如春登臺也○雱曰造化無極事物日生唯聖人能一古今而無

變衆人則隨化而遷一見美惡樂得其生自以爲美春者萬物奮張離静而動去本逐末之時臺者可以遠覽諸境之地物不明乎至理者皆逐物生情其狀如此

我獨怕兮其未兆

河曰我獨怕然安静未有情欲之形兆也

如嬰兒之未孩

明皇曰我獨怕然安静於其情欲略無形兆如彼嬰兒未能孩孺也○河曰如小兒未能答偶人時也○弼曰言我廓然無形

之可名無兆之可舉如嬰兒未能孩也○雱曰性體怕然不萌智慮含和守一同於嬰兒古本作廓兮非也怕與泊同怕者不流之義廓者虛大之名文義考之理當從怕

乘乘兮若無所歸

明皇曰至人無心運動隨物無所取與若行者之無所歸乘乘運動貌○河曰我乘乘如窮鄙無所歸就○弼曰若無所宅○雱曰乘乘者乘萬物之變而不自私故若

無所歸蓋唯變所適無所羇著故也一本作儡儡兮無所歸非也

衆人皆有餘

明皇曰耽嗜麈務矜誇巧智自爲有餘以示光大○河曰衆人餘財以爲奢餘智以爲詐○雱曰矜攬庶物故常有餘

而我獨若遺

明皇曰常若不足有所遺忘○河曰我獨如遺棄似不足也○弼曰衆人無不有懷有志盈溢胷心故曰皆有餘也我獨廓然

卷三第二十四

無爲無欲若遺失之也○雱曰超然自喪不有其有

我愚人之心也哉

河曰不與俗人相隨守一不移如愚人之心也○弼曰絶愚之人心無所別析意無所好欲猶然其情不可覩我頽然若此也

純純兮

明皇曰我豈愚人之心遺忘若此哉但我心純純故若遺爾○河曰無所分別○弼曰無所別析不可爲名○雱曰純純兮似

愚而眞智之極一本純純作沌沌

俗人昭昭

明皇曰矜巧智也○河曰明且達也○弼曰耀其光也

我獨若昏

明皇曰自韜晦也○河曰如闇昧也○雱曰物我兼忘不主分別故若昏

俗人察察

明皇曰立法制也○河曰察察急且疾也

弼曰分別別析也○雱曰推昭昭之意加

之政則察察矣

我獨悶悶

明皇曰雅寬大也○河曰悶悶無所割截

雱曰推若昏之意加之政則寛大悶悶然

矣悶悶謂不取目前小快

澹兮其若海

河曰我獨忽忽如江海之流莫知其所窮

極也○弼曰情不可覩○雱曰自怕兮未

兆而下有諸事物及此又歸於性本湛然

深廣如海之積水水性全矣一本作忽若

晦非是

飂兮似無所止

明皇曰容貌忽然若昏晦而心寂兮絶於俗學似無所止著○河曰我獨漂漂若飛若揚無所止也志意在神域也○弼曰無所繫縶○雱曰澹兮若海以言性體此則言其用飂然無所不通而無所繫著非用而何一本飂作寂非

衆人皆有以

明皇曰衆人於代間皆有所以逐境俗學

之意○河曰以有爲也○弼曰以用也皆欲有所施用也○雱曰物於物則爲物用物物而不物於物則用物而物莫能用

而我獨頑

河曰我獨無爲

似鄙

明皇曰頑者無分別鄙者陋不足而心實了悟外若不足故云似爾○河曰鄙似若不逮也○弼曰無所欲爲悶悶昏昏若無所識故曰頑且鄙也○雱曰物莫能入可

謂頑矣見若不覩可謂鄙矣一本且作似亦通

我獨異於人

明皇曰人有情欲我無愛染人與道反我與道同○河曰我獨與人異也

而貴求食於母

明皇曰求食於母者貴如嬰兒無營谷爾故上文云如嬰兒之未孩下經云含德之厚比於赤子如此所以獨異於人也先無求於兩字今所加也且聖人說經本無避

諱今代爲教則有嫌疑暢理故義不可移臨文則句須穩便便令存古是所庶幾又司馬遷云老子說五千餘言則明理詣而息言不必以五千爲定格○弼曰食母生之本也人者皆棄生民之本貴末飾之華

故曰我獨欲異於人○雱曰不外逐物而取養於道道者萬物之母也一本無求於兩字亦通

孔德之容章第二十一

孔德之容

河曰孔大也有大德之人無所不容能受垢濁處謙卑也

唯道是從

明皇曰孔甚也從順也設問甚有德之人容狀若何言此有德人所行唯虛極之道是順○河曰唯獨也大德之人不隨世俗所行獨從於道也○弼曰孔空也唯以空爲德然後乃能動作從道○雱曰道之在我之謂德德至則與道爲一道不可容因德而顯德者無我從道而已

道之爲物唯恍唯惚
明皇曰此明孔德所從之道不有不無沖用難名故云恍惚○河曰道之於萬物獨恍惚往來於其無所定也○雱曰道兼陰陽陰陽之微若無若有謂之恍惚

韡三　二十三

忽兮恍其中有像
河曰道唯恍惚無形之中獨爲萬物法像雱曰一陰一陽乃成象一本作忽兮恍兮

恍兮忽其中有物
明皇曰物者即上道之爲物也自有而歸

無還復至道故云其中有物也○河曰道唯怳忽其中有一經營造化因氣立質○弼曰以無形始物不繫成物萬物以始以成而不知其所以然故曰怳兮惚兮惚兮怳兮其中有象也○雱曰一陽一陰乃成物怳惚者陰陽之妙故能變化以成象物

一本作怳兮忽兮

窈兮冥兮其中有精

明皇曰惚怳有無窈冥不測生成之用精妙甚存○河曰道唯窈冥無形其中有精

實神明相薄陰陽交會也○弼曰窈冥深遠之歎深遠不可得而見然而萬物由之其可得見以定其眞故曰窈兮冥兮其中有精也○雱曰精者物生之始前稱象物道之具體道體既具乃生萬類萬類之所出在深妙不測之際故云窈兮冥兮

其精甚眞

河曰言道精氣神妙甚眞也非有飾也○雱曰精者形生之始精無不眞而更云甚眞者由物有失理喪精沉於人僞故也○

其中有信

明皇曰窈冥之情本無假雜物感必應應用不差故云有信○河曰道匿功藏名其信在中也○弼曰信信驗也物反窈冥則眞精之極得萬物之性定故曰其精甚眞其中有信也○雱曰窈冥之精萬物作類而物之生者各正性命度數法象一有儀則可以前知無或差舛此之謂信莊子曰未形者有分

自古及今其名不去

○明皇曰言道自古及今生成萬物物得道用因用立名生成之用既今古是同應用之名故古今不去○河曰自從也從古至今道常在不去○弼曰至眞之極不可得名無名則是其名也自古及今無不由此而成故曰自今及古其名不去也○雱曰常道常名未常變易

以閱衆甫

明皇曰閱度閱也甫本始也言至道應用度閱衆物本始各遂生成之用也○河曰

閱稟也甫始也也言道稟與萬物始生從道受氣○弼曰衆甫物之始也以無名說萬物始也○雱曰甫美也莊子曰神奇復爲臭腐臭腐復爲神奇夫萬物之美還易不常唯道常住故能徧閱之閱如閱人多矣之閱

吾何以知衆甫之然哉

河曰我何以知從道受氣

以此

○明皇曰以此今萬物皆稟道妙用生成故

爾○河曰此今也以今萬物皆得道精氣而生動作起居非道不然○弼曰此上之所云也言吾何以知萬物之始皆始於無哉以此知之也○雱曰道常住而衆美不常故能閱其萬變聖人所以能知衆美之不常者亦以體道之常住故也

曲則全章第二十二

曲則全

明皇曰曲己以應務則全○河曰曲己從衆不自專則全也○弼曰不自見其明則

全也○雱曰至人沖虛其行如水無心於物而順物之變不與物迕孰能傷之故常全也此篇大旨與莊子養生生相類

枉則直

明皇曰枉己以申人則直○河曰枉屈己而申人久久自得直也○弼曰不自是則其是彰也○雱曰於形枉者於理爲直有我者執我之直以遇物而不知物變之無窮其直乃枉也唯順物之枉而不自有其直則理直於中矣一本直作正

窪則盈

明皇曰執謙德則常盈○河曰地窪下水流之人謙下德歸之也○弼曰不自伐則其功有也○雱曰澤以窪下故衆水鍾焉

弊則新

麻非三 二十六

明皇曰守弊薄則日新○河曰自受弊薄後已先人天下敬之久久自新也○弼曰不自矜則其德長也○雱曰非秋冬之雕敝則無春夏之榮華

少則得

明皇曰抱一不離則無失○河曰自受取少則得多也天道祐謙神明託虛○雱曰道在乎微性存乎樸得者得其本故不多也欲體上四事唯得一者能之

多則惑

明皇曰有多爲則惑亂○河曰財多者惑於所守學多者惑於所聞○弼曰自然之道亦猶樹也轉多轉遠其根轉少轉得其本多則遠其真故曰惑也少則得其本故曰得也○雱曰棄本逐末妄見多岐

卷三第三十三

是以聖人抱一爲天下式

明皇曰聖人抱守淳一故可爲天下法式河曰抱守法式也聖人守一乃知萬事故能爲天下法式也○弼曰一少之極也式猶則之也○雱曰抱一者不離於精夫唯抱一不二乃體道盡性物我玄同故能應而不窮也此句上文言道之理聖人抱一乃能見此理故行如下文云

靡三　二十七

不自見故明

明皇曰人能不自見其德常曲己以應務

則其德全自明○河曰聖人不以其視千里之外也乃因天下之目以視故能明達也○雱曰自見則有己有己則蔽於己故不能曲以應變

不自是故彰

明皇曰人能不自以爲是而枉己以申人則其是直自彰矣○河曰聖人不自以爲是而非人故能彰顯於世○雱曰無己是則能枉以應理不期彰而自彰矣

不自伐故有功

明皇曰人能不自伐取則其功歸已矣○河曰伐取也聖人德化流行不自取其美故有功於天下也○雱曰伐功生乎滿假知窪之爲盈則豈有滿假之累

不自矜故長

明皇曰人能長守弊薄不自矜衒則人推其長○河曰矜大也聖人不自貴大故能久不危○雱曰矜者耀其榮之謂耀其榮則弊矣唯能居弊乃所以新

夫唯不爭故天下莫能與之爭

明皇曰不與物爭誰與爭者○河曰此言天下賢與不肖無能與不爭者爭也○雱曰唯沖虛不實無心於物物欲有之而不得而況能與之爭乎此篇之義要在忘我故結之以不爭而終始以曲則全也

靡三　二十八

古之所謂曲則全者豈虛言哉

河曰傳古言曲從則全身正言非虛妄也

誠全而歸之

明皇曰古有曲全之言豈虛妄哉實能曲者則必全理而歸之○河曰誠實也能行

曲從者實其肌體歸之於父母無有傷害也○雱曰曲者虛己而應理緣物爲變而不與物迕凡上諸說要在於是全而歸之者庖丁善刀而藏之之意竊原此篇養生之旨也聖人之於生不期自養而養生者莫善焉所謂不自見不自是不自伐不自矜者非克己以期全也不知其然而自然耳若覩夫曲枉窪弊之利而爲之則賢人之事學者之德於道爲未盡矣

道德眞經集註卷之三

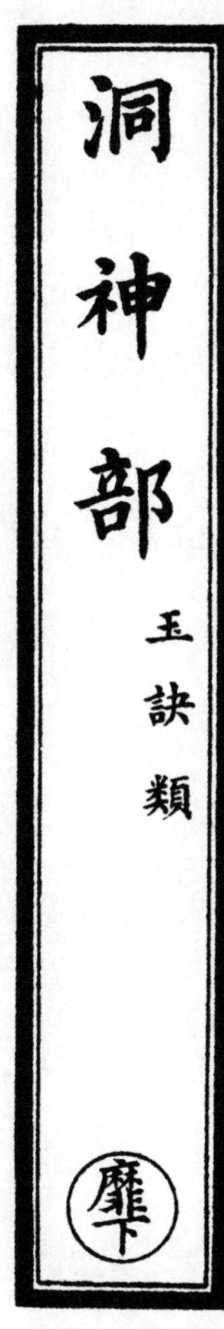
洞神部
玉訣類
靡下

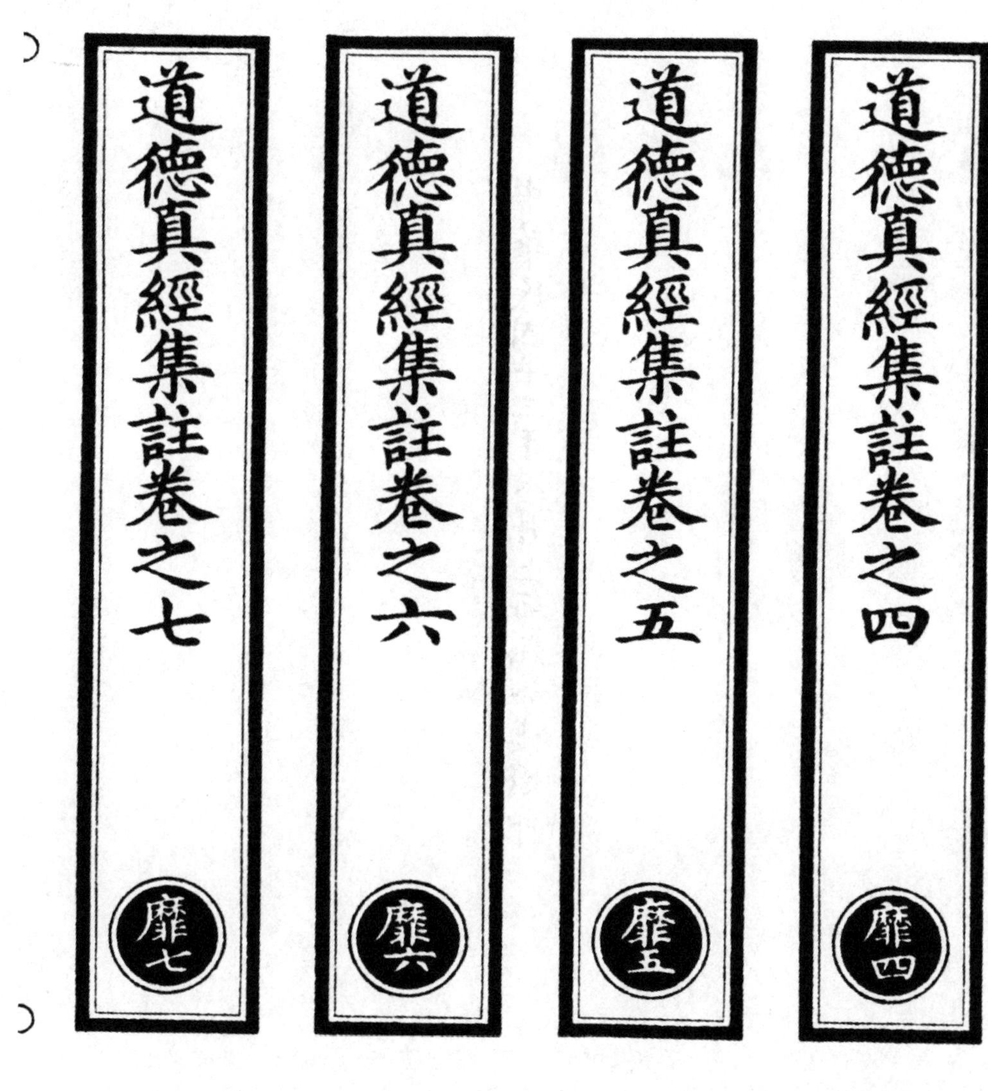
道德真經集註卷之四
靡四
道德真經集註卷之五
靡五
道德真經集註卷之六
靡六
道德真經集註卷之七
靡七

中華民國十三年八月上海涵芬樓影印

道德眞經集註卷之四

明皇 河上公 王弼 王雱 註

希言自然章第二十三

希言自然

明皇曰希言者忘言也不云忘言而云希者明因言以詮道不可都忘悟道則言忘故云希爾若能因言悟道不滯於言則合自然矣○河曰希言者謂愛言也愛言者自然之道○弼曰聽之不聞名曰希下章言道之出言淡兮其無味也視之不足見

聽之不足聞然則無味不足聽之言乃是自然之至言也○雱曰希與上篇聽之不聞者同自然者不因物而然也希不與物並而無所交感獨出於萬法之上故曰自然

故飄風不終朝驟雨不終日

明皇曰風雨飄驟則暴卒而害物言疾執滯則失道而生迷○河曰飄風疾風也驟雨暴雨也言疾不能長暴不能久也○雱曰風雨者陰陽交感所為飄驟者交感之

過所以不能久

孰爲此者天地

河曰孰誰也誰爲此飄風暴雨者乎天地

所爲

天地尚不能久

河曰不終於朝暮也

而況於人乎

明皇曰天地至大欲爲暴卒則傷於物尚不能久以況於人執言滯教則害於道欲求了悟其可得乎○河曰天地至神合爲

飄風暴雨尚不能使終朝至暮何況人欲爲暴卒乎○弼曰言暴疾美興不長也

故從事於道者

明皇曰故從事於道之人當不執滯言教

河曰從爲也人爲事當如道安靜不當如飄風驟雨

道者同於道

明皇曰體道忘言則同於道矣○河曰道者謂好道人也同於道者所爲與道同○弼曰從事謂舉動從事於道者也道以無

形無爲成濟萬物故從事於道者以無爲爲君不言爲教緜緜若存而物得其眞與道同體故曰同於道○雱曰一本無下道者二字

德者同於德

明皇曰德者道用之名人能體道忘功則其所施爲同於道用矣○河曰德謂好德人也同於德者所爲與德同也○弼曰得少也少則德故曰得也行得則與得同體故曰同於得也

失者同於失

明皇曰執言滯教無由了悟不悟則迷道故自同於失矣○河曰失謂任己失人也同於失者所謂與失同也○弼曰失累多也累多則失故曰失也行失則失與失同體故曰同於失也○雱曰一本德作得

同於道者道亦得之

河曰與道同者道亦樂得之也

同於德者德亦得之

河曰與德同者德亦樂得之也

同於失者失亦得之

明皇曰方諸抱水陽燧引火類族辨物斷焉可知○河曰與失同者失亦樂失之也○雱曰凡言隨行其所故同而應之○雱曰凡人之生不待物而有所謂獨化者是也不待物而有則固希而自然矣而失性者妄有我體而從事於道故屈己以從道然則道爲之主而吾所謂其君者反臣於道矣故從事於道者有此道德失之三等而同歸於失此由不冥於希而立己待物離一

爲二而交感生患也

信不足

河曰君信不足於下下則應君以不足也

有不信

明皇曰執言滯教不能了悟是於信不足也自同於失失亦樂失是有不信也○河曰此言物類相歸同聲相應雲從龍風從虎水流濕火就燥自然之類也○弼曰忠信不足於下焉有不信也○雱曰降乎希則失性命之常於信爲不足上於信不足

則下必至乎不信此又明修己治人皆嘗用希

跂者不立章第二十四

跂者不立

河曰跂進也謂貪權慕名進取功榮也則不可久立身行道也○弼曰物尚進則失安故曰企者不立

跨者不行

明皇曰跂舉踵而望也跨以跨夾物也以踰自見求明明終不得何異夫跂求久立

跨求行履乎○河曰自以爲貴而跨於人衆共蔽之使不得行○雱曰不適其形之常故失性之用

自見者不明

明皇曰靈才揚己動而見尤故不明○河曰人自見其形容以爲好自見所行以爲應道殊不自知其形醜操行之鄙

自是者不彰

明皇曰是己非人直爲怨府故不彰○河曰自以爲是而非人衆共蔽之使不得彰

明

自伐者無功

明皇曰專固伐取物所不與故無功○河曰所爲而自伐取其功美即失有功於人也

自矜者不長

明皇曰矜衒行能人所鄙薄故不長○河曰好自矜大者不可以長久

其在道也曰餘食贅行

河曰贅貪也使此自矜伐之人在治國之

○道曰賦斂餘祿食爲貪行○弼曰其雅於道而論之若郤至之行盛饌之餘也本雖美更可薉也本雖有功而自伐之故更爲疣贅者也○雱曰皆在分外

物或惡之

河曰此人在位動欲傷害故物無有不畏惡也

故有道者不處也

明皇曰自見等行於道而論是曰殘餘之食疣贅之行凡物尚或惡之故有道之人

不處斯事矣○河曰言有道之人不居其國也

有物混成章第二十五

有物混成先天地生

明皇曰將欲明道立名之由故云有物言有物混然而成含孕一切尋其生化乃在天地之先生○河曰謂道無形混然而成萬物乃在天地之前○弼曰混然不可得而知而萬物由之以成故曰混成也不知其誰之子故先天地生○雱曰道之中體○

混然而成其視天地亦由一物耳而此特云先天地者老氏將斂天下之散亂迷錯而復之性本故且舉混成而已蓋由萬殊而觀則此爲道之全而由道本以觀則雖混成者猶散殊也目之爲物則明更有物物之妙耳

寂兮寥兮

雱曰混成無象

獨立而不改

河曰寂者無音聲寥者空無形獨立者無

匹雙不改者君子常○弼曰寂寥無形體也無物之匹故曰獨立也返化終始不失其常故曰不改也○雱曰混成之體常而不易

周行而不殆

河曰道通行地無所不入在陽不燋託陰不腐無不貫穿不危殆○雱曰混成之用也萬物由我以生死我常制其命孰能危之

可以為天下母

明皇曰有物之體寂寥虛靜妙本湛然常寂故獨立而不改應用徧於群有故周行而不危殆而萬物資以生成被其茂養之德故可以爲天下母○河曰道育養萬物精氣如母之養子○弼曰周行無所不至而免殆能生全大形也故可以爲天地母也

吾不知其名

弼曰名以定形混成無形不可得而定故曰不知其名也

字之曰道

河曰我不見道之形容不知當何以名之見萬物皆從道所生故字之曰道也○弼曰夫名以定形字以稱可言道取於無物而不由也是混成之中可言之稱最大也

強名之曰大

明皇曰吾見有物生成隱無名氏故以道生表其德字之曰道以包含目其道而名曰大○河曰不知其名强曰大者高而無上羅而無外無不包容故曰大也○弼曰

吾所以字之曰道者取其可言之稱最大也責其字定之所由則繫於大大有繫則必有分有分則失其極矣故曰强爲之名曰大○雱曰道譬萬物則無乎不周可謂大矣雖然大名既立全體已虧

大曰逝

河曰其爲大非若天常在上非若地常在下乃復逝去無常處所也○弼曰逝行也不守一大體而已周行無所不至故曰逝也○雱曰大則有用逝者周行攖物功用

著矣

逝曰遠

河曰言遠者窮乎無窮布氣天地無所不通也○雱曰道之爲用無所不極可謂遠矣而去本亦遠矣此謂混成而已若道之至則非遠非近也

遠曰反

明皇曰妙用無方強名不得故自大而求之則逝逝而往矣自往而求之則遠不及矣若能了悟則反在於身心而證之矣○河

曰言其遠不越絶乃復在人身也○弼曰遠極也周無所不窮極不偏於一所故曰遠也不隨於所適其志獨立故曰返也○雱曰有爲有形復歸於無事無物往來不窮終則有始也

故道大天大地大王亦大

明皇曰因其所大而明之得一者天地王也天大能覆地大能載王大能法地則天行道故云亦大○河曰道大者包羅諸天地無所不容也天大者無所不蓋也地大

者無所不載也王大者無所不制也○弼曰天地之性人爲貴而王是人之主也雖不職大亦復爲大與三匹故曰王亦大也雱曰天地能體道故皆大王者在帝皇之下人道之至處凡老氏之說言道之中體未盡絕際姑盡性而已王以歸往爲名能盡人之性則人歸之矣猶百谷之宗江海也盡性則體道故亦大

域中有四大

弼曰四大道天地王也凡物有稱有名則

非其極也言道則有所由有所由然後謂之爲道然則是道稱中之大也不若無自之大也無稱不可得而名曰域也道天地王皆在乎無稱之內故曰域中有四大者也○雱曰道之中體因物而名故未離域中

而王處一焉

明皇曰王者人靈之主萬物繫其興亡將欲申其鑒戒故云而王居其一欲警王令有所法謂下文也○河曰八極之內有四

大王居一也○弼曰處人主之大也○雱曰一本云王居其一焉

人法地

河曰人當法地安靜和柔也種之得五穀掘之得甘泉勞而不怨也有功而不置也

雱曰言王舉人之盡性者此復言人者明王德止於人事人性自具王德也

地法天

河曰天湛泊不動施而不求報生長萬物無所收取

天法道

河曰道清靜不言陰行精氣萬物自成也

道法自然

明皇曰人謂王也爲王者先當法地安靜既爾又當法天運用生成既生成已又當法道清靜無爲令物自化人君能爾者即令道法自然之性○河曰道長生自然無所法也○弼曰法謂法則也人不違地乃得全安法地也地不違天乃得全載法天也天不違道乃能全覆法道也道不違自

然方乃得其性法自然者在方而法方在圓而法圓於自然無所違也自然者無稱之言窮極之辭也用智不及無知而形魄不及精象精象不及無無形有儀不如無儀故道相法也道法自然天故資焉天法於道地故則焉地法於天人故象焉所以爲主其一者主也○雱曰自然在此道之先而猶非道之極致假物而言則此四者如以次相法而至論則四者各不知其所始非有先後莊子曰季眞之莫爲接子之或

使在物一曲佛氏曰非因非緣亦非自然自然者在有物之上而出非物之下此說在莊佛之下而老氏不爲未聖者教適其時而言不悖理故也使學者止於自然以爲定論則失理遠矣不可不察也

重爲輕根章第二十六

靡四 十一

重爲輕根

明皇曰重者制輕故重爲根○河曰人君不重則不尊治身不重則失神草木之華輕故零落根重故長存也

靜爲躁君

明皇曰靜者制動故靜爲君○河曰人君不靜則失神治身不靜則身危龍靜故能變化虎躁故夭虧也○弼曰凡物輕不能載重小不能鎮大不行者使行不動者制動是以重必爲輕根靜必爲躁君也

是以君子終日行不離輜重

明皇曰輜車也重者所載之物也輕躁者貴重靜亦由行者之守輜重故失輜重則遭凍餒好輕躁則生禍亂○河曰輜靜也

聖人終日行道不離其靜與重也○弼曰以重爲本不離○雱曰行以輕爲遠而必籍輜重以自給遠而違之則必因於中道矣

雖有榮觀燕處超然

明皇曰人君者守重靜故雖有榮觀當須燕爾安處超然不顧○河曰榮觀謂宮闕燕處后妃所居也超然遠避而不處也○弼曰不以經心之也○雱曰雖有榮觀在前必得燕處之處乃能安身此明躁靜之

義

如何萬乘之主

河曰如何者疾時主傷痛之辭萬乘之主謂王者

而以身輕天下

明皇曰如何者傷歎之辭也天下者大寶之位也言人君如何以身從欲輕用其身令亡其位乎○河曰王者至尊而以其身行輕躁乎疾時王者恣輕淫也○雱曰人主以天下爲根不可以一身故輕之

○輕則失臣

河曰王者輕淫則失其臣治身而淫則失其精

躁則失君

明皇曰君輕易則人離散故失臣臣躁求則主不嗇故失君○河曰王者行躁疾則失其君位治身躁疾則失其精神也○弼曰輕不鎮重也失本爲喪身也失君謂失君位也○雱曰臣一作本

善行章第二十七

善行無轍迹

明皇曰於諸法中失了真性行無行相故云善行如此則心與道冥故無轍迹可尋求也○河曰善行道者求之於身不下堂不出門故無轍迹○弼曰順自然而行不造不始故物得至而無轍迹也○雱曰體神則周行而無迹且聖人不得已而有行則常不使迹著於世恐民之遷其德耳莊子所謂行而無迹者是

善言無瑕謫

明皇曰能了言教不爲滯執道象求意理證言忘故於言教中無瑕疵謫過○河曰善言謂擇言而出則無瑕疵非過於天下弼曰順物之性不別不折故無瑕謫可得其門也○雱曰卮言日出出不以心故言滿天下而實未嘗言何瑕謫之有

善計不用籌筭

明皇曰能了諸法本無子門一以貫之不生他克故無勞用文自非天下計無計相非善而何○河曰善以道計專者則守一

不移所計不多則不用善策而可知也○弼曰因是乎數不假形也○雱曰一生二二生三自此以往巧曆不能計唯冥於一相不墮諸數則身外無物物來即了何假籌筭乎一本作善計無籌策

善閉無關揵而不可開

明皇曰兼忘言行不入異門心無逐乎境無起心之累雖無關揵其可開乎○雱曰藏於不得遯而閉之以無外則閉外無物孰能開之易所謂退藏於密者類此夫如

是則神不能窺其迹況得其門而入哉

善結無繩約而不可解

明皇曰體了真性本以虛忘若能虛忘則心與道合雖無繩索約束其可解而散乎河曰善以道結事者乃可結其心不如繩索可得解也○弼曰因物自然不設不施故不用關揵繩約而不可開解也此五者皆言不造不施因物之性不以形制物也雱曰以已信結天下之信孰能解之

是以聖人常善救人

河曰聖人所以常教人忠孝者欲以救人性命

故無棄人

河曰使貴賤各得其所也○弼曰聖人不立形名以檢於物不造進向以殊棄不肖輔萬物之自然而不爲始故曰無棄人也不尚賢能則民不爭不貴難得之貨則民不爲盜不見可欲則民心不亂常使民心無欲無惑則無棄人心

常善救物

河曰聖人所以教民順四時以救萬物之殘傷

故無棄物

明皇曰是以聖人常用此五善之教以教之故無棄者○河曰聖人不賤石而貴玉視之如一○雱曰聖人體盡無窮以神爲用故能有此五善然後能贍足一切使小以成小大以成大各遂其宜也夫五善存乎其身而因餘以爲人而其効至於人物無棄可謂至德也巳蓋聖人所爲救人亦

棐四　十五

不使遷其性而已故雖有言行而泯然無迹且常定于一不以計數亂其心以至於閉之結之莫非在宥其唯則聖人所以救人之道簡矣蓋持之在身而實所以救人也一本無常善救物已下八字

是謂襲明

明皇曰密用曰襲五善之行在於忘遣忘遣則無迹故云密用密用則悟了故謂之明○河曰聖人善救人物謂襲明大道也雱曰襲如裼襲之襲聖人之在天下不敢

自見其明明見則事物畢彰民必離本非善救之道矣如上五事皆襲明也

故善人不善人之師

河曰人之行善者聖人即以爲人師○弼曰舉善以師不善故謂之師矣

不善人善人之資

明皇曰師法也資取也善人可師法不善人可取以役使也○河曰資用也人行不善聖人猶教導使爲善得以給用也○弼曰資取也善人以善齊不善以善棄不善

也故不善人善人之所取也○雱曰善人有不善人然後善救之功著故曰資

不貴其師

河曰獨無輔也

不愛其資

明皇曰此章深旨教以兼忘若存師資未爲極致令明所以貴師爲存學相學相既空自無所貴所以愛資爲存教相於教忘教故不愛資貴愛兩忘而道自化○河曰無所使也○雱曰聖人吉凶與民同患故

强立師資之名假爲善救之德要而極之則道通爲一孰爲師資然則非但我不愛資而已又能使天下忘我也所以能至於天下忘我者亦以五善而已

雖智大迷

河曰雖自以爲智言此人乃大迷惑○弼曰雖有其智自任其智不因物於其道必失故曰雖智大迷○雱曰智者有知有知則能見有物之理而不知無物之妙故道妙至此智者大迷

是謂要妙

明皇曰師資兩忘是謂玄德凡俗不悟以爲大迷故聖人云雖知凡俗以爲大迷以道觀之是謂要妙○河曰能通此意是謂知微妙要道

知其雄章第二十八

知其雄守其雌

雱曰雄動雌靜靜則不離於眞但靜而已則非道之全故至人以雌爲常而常知雄也

○爲天下谿

河曰雄以喻尊雌以喻卑人雖自知尊顯當復守之以卑微去雄之强梁就雌之柔和如是則天下歸之如水流入深谿也○雱曰谿以下而資納流通守雌則能以虚靜受一切法而不滯於物故曰爲天下谿此盡性者

爲天下谿常德不離

河曰人能謙下如深谿則德常在不復離於已○雱曰常德分定而不遷道之在我

者也不離者一於性分內而不外

復歸於嬰兒

明皇曰雄者忠於用壯故知其雄則當守其雌謙德物歸是爲天下谿谷則眞常之德不離其身抱道含和復歸於嬰兒之行矣○河曰復當歸志於嬰兒惷然而無所知也○弼曰雄先之屬雌後之屬也知爲天下之先者必後也是以聖人後其身而身先也谿不求物而物自歸之嬰兒不用智而合自然之智○雱曰嬰兒含和守一

欲慮不萌性之本眞渾而未散德厚之至乃同於初若然者可名於大矣孟子曰大人不失其赤子之心

知其白守其黑

雱曰黑者北方之色靜不足以言之聖人建一切法非守黑則無以爲本相彼春夏發於玄冬此其驗也

爲天下式

河曰白以喻昭昭黑以喻默默人雖自知昭昭明白當復守之以默默如闇昧無所

見如是則可爲天下法式則德常在○弼曰式模則也

爲天下式

雱曰至人以聖爲天下法聖者體之中故也

常德不忒

河曰人能爲天下法則德常在於己不復差忒○弼曰忒差也○雱曰經於事業者遠大則疑於有忒而適時應物如天運寒暑時之自然而心無積怒故不差忒也

復歸於無極

明皇曰能守雌靜常德不離德雖明白當如暗昧如此則爲天下法式常德應用曾不差違德用不窮故復歸於無極忒差也河曰德不差忒則長生久壽歸身於無窮極也○弼曰不可窮也○雱曰大而化之之謂聖化則曰禪而無窮故無窮者聖之體也從體起用還歸其本

知其榮守其辱

雱曰聖人至此等一切相去未歸本德之

至極未如是所以體神也古之道術有殘形壞衣自處汚下以高教者義同於此

爲天下谷

河曰榮以喻尊貴辱以喻汚濁如己之有榮貴當守之以汚濁如是則天下歸之如水流入深谷也○雱曰谷一虛一盈而能應一切故象神神者充塞無外有之不得用之不窮者是蓋守辱精也精故能神唯精可以入神

爲天下谷常德乃足

河曰足止也人能爲天下谷德乃止於己雱曰降神一等則於性爲不足故道至體神乃真盡性

復歸於樸

明皇曰德雖尊榮常守卑辱物感斯應如谷報聲虛受不窮常德圓足則復歸於道矣樸道也○河曰復當歸身於質樸不復爲文飾○弼曰此三者言常反終後乃德全其所處也下章反者道之動也功不可取常處其母也○雱曰樸以喻性之質性

能成萬法而不主一器故曰樸去神至矣而未嘗離樸也蓋至人從性起用大於守氣聖於制法神於體神要其極也復歸乎性而已

樸散則爲器

河曰萬物之樸散則爲器用也若道散則爲神明流爲日月分爲五行也○雱曰既歸於樸樸復爲器終則有始道之常也

聖人用之則爲官長

明皇曰含德內融則復於樸常德應用則

散而爲器既涉形器必有精麤故聖人用之則爲群材之官長矣○河曰聖人升用則爲百官之元長也○弼曰樸眞也眞散則百行出殊類生若器也聖人因其分散故爲之立官長以善爲師不善爲資移風易俗復歸於一也○雱曰帝王體樸以治散而知政則但爲官長而已

故大制不割

明皇曰聖人用道大制群生暄然似春蒙澤不謝動植咸遂曾不割傷○河曰聖人

用之則以大道制御天下無所傷割治身則以大道制情欲不害精神也○弼曰大制者以天下之心爲心故無割也○雱曰以道爲制者因道之勢而適其自然故雖制而無宰割之迹此篇白黑榮辱之句義甚與遠言不勝盡讀者其致意焉

將欲章第二十九

將欲取天下

河曰欲爲天下主也

而爲之者

河曰欲以有爲治民○弼曰爲造爲也

吾見其不得已

明皇曰天下者大寶之位也有之者必待曆數在躬若暴亂之人將欲以力取而爲之主者老君戒云吾見其不得已○河曰我見其不得天道人心已明矣天道惡煩濁人心惡多欲○雱曰至人體神合變與物爲一雖兼制天下而未常有有故能從容無爲而業無不濟糠粃土苴將陶鑄帝王若夫塊然有己以己遇物則雖六尺之

身運轉妨滯若將不容而乃況天下之大歟取者取物是其有我爲者造作是其有爲有已有爲之人方且存乎憂患之間而何暇治人乎

天下神器

弼曰神無形無方也器合成也無形以合故謂之神器也○雱曰雖體盡無窮其應無方者能用之以無爲

不可爲也

河曰器物也人乃天下之神物也神物好

安靜不可以有爲治○雱曰有意於爲則有已有物矣

爲者敗之

明皇曰大寶之位是天地神明之器謂爲神器故不可以力爲也故曰爲者敗之此戒姦亂之臣○河曰以有爲治之則取其質性

執者失之

明皇曰曆數在躬已得君位而欲執有斯位陵虛神主天道禍淫亦當令失之此戒

帝王也○河曰强執教之人則失其情實生於詐僞也○弼曰萬物以自然爲性故可因而不可爲也可通而不可執也物有常性而造爲之故必敗也物有徃來而執之故必失矣

凡物或行或隨

河曰上所行下必隨之也

或歔或吹

河曰歔温也吹寒也有所温必有所寒也

或强或羸

河曰有所强大必有所羸弱也

或載或隳

明皇曰欲明爲則敗執則失故物或行之於前或隨之於後或呴之使暖或吹之使寒扶之則强折之則弱有道則載事無德

卷四 二十三

則隳廢○河曰載安也隳危也有所安必有所危明人君不可以有爲治國與治身也○雱曰聖人心超有無不物於物故陰陽交代而我法不遷苟爲有有則物與爲敵萬變糾錯不可勝圖矣故獨行於前而

不知隨者在後如形影之不舍歔之欲溫而不知吹者之已至如寒暑之相生知强而已則羸者有時而來知載而已則隳者應手而至此皆造化之大情朝暮之常態而有有者不知由已不了故有此患而更與爲競夫如是則雖介然一物之微而憂患之大已充塞天壤安能操神器而不累乎

是以聖人去甚去奢去泰

明皇曰聖人覩或物之行隨知執者之必

失故去其過分爾○河曰甚謂貪淫聲色奢謂服飾飲食泰謂宮室臺榭去此三者處中和行無爲則天下自化○弼曰凡此諸或言物事逆順反覆不施爲執割也聖人達自然之至暢萬物之情故因而不爲順而不施除其所以迷去其所以惑故心不亂而物性自得之也○雱曰聖人心合於無以酬萬變方其爲也不以經懷如鏡應形適可而止分外之事理所不爲彼有有者妄見諸相矜己樂能爲之不已故事

輒過分此由不知行隨歔吹強羸載隳之反復故爾

道德真經集註卷之四　靡四

卷四第三十

道德真經集註卷之五　靡五

明皇河上公王弼王雱註

以道佐人主章第三十

以道佐人主者

河曰謂人主能以道自輔佐也

不以兵強天下

河曰以道自佐之主不以兵革順天任德敵人自服○弼曰以道佐人主尚不可以兵強於天下況人主躬於道者乎○雱曰體道而有天下者萬物將自賓何暇言此

故但稱佐人主者聖人以德强國以兵輔德

其事好還

明皇曰人臣能以道輔佐人主者當柔服以德不用兵甲之威取强於天下何則兵者凶器戰者危事抗兵加彼彼必應之其事既好還報則勝負之數未可量也○河曰其舉事好還自責不怨於人也○弼曰爲治者務欲立功生事而有道者務欲還反無爲故云其事好還也○雱曰還謂不

往而務復也與事天治人莫如嗇同意

師之所處荆棘生焉

河曰農事廢田不修

大軍之後必有凶年

明皇曰軍師所處戰則妨農農事不修故生荆棘兵氣感害水旱繼之農廢於前災隨其後必有凶荒之年○河曰天應之以惡氣即害五穀五穀盡傷人也○弼曰言師凶害之物也無有所濟必有所傷賊害人民殘荒田畝故曰荆棘生也○雱曰殺

戮之慘傷天地之和氣

善者果而已矣

河曰善兵者當果敢而已不休

不敢以取强焉

河曰不以果敢取强大之名也○弼曰果猶濟也言善用師者趣以濟難而已矣不以兵力取强於天下矣○雱曰果成也趣成事而已兵猶天之霜雪凡所以成物蓋物非威不成故天與聖人皆以威輔德也豈敢恃衆求强以利歸已乎

果而勿矜

河曰當果敢謙卑勿自矜大也

果而勿伐

河曰當果敢推讓勿自伐取其美也

果而勿驕

明皇曰善輔相者果於止敵蓋在於安人和衆必不敢求勝取强故雖果於止敵敵不爲寇愼勿矜功伐取以自驕盈驕則敗亡故爲深戒○河曰驕欺也果敢勿以驕欺人○弼曰吾不以師道爲尚不得已而

用何矜驕之有也○雱曰此三者生於有我而好勝唯無意於勝者爲可以用兵

果而不得已

河曰當果敢至誠不當迫不得已也

果而勿强

明皇曰前敵來侵不得休止故用兵以止之如是則果在於應敵非果以取强也○河曰果敢勿以爲强兵堅甲以侵陵人也弼曰言用兵雖趣功果濟難然時故不得已嘗復用者但當以除暴亂不遂用果以

爲强也○雱曰凡上四事是勿强之道

物壯則老

河曰草木壯極則枯落人壯極則衰老也言强者不可以久○雱曰盛極則衰物理必然古有當此禍者秦是也

是謂非道

雱曰體道者兼萬變而不居一物故無壯老之意

非道早已

明皇曰物之用壯由兵之恃强物壯則衰

兵强則敗是謂不合於道當須早止不爲

雱曰壯武力暴興也喻以兵强於天下者也飄風不終朝驟雨不終日故暴興必不道早已也

夫佳兵章第三十一

夫佳兵者不祥之器

河曰祥善也兵者驚精神濁和氣不善人之器也不當修飾之

物或惡之

河曰兵動則有所害故萬物無有不惡之

故有道者不處

明皇曰佳者好也兵者謀略也凡人修辭立誠不能以道德藏器而以兵謀韜略爲好謀略之用只在於攻取殺伐故爲不善之器凡物尚或惡之是以有道之人不處身於此爾○河曰有道之人不處其國○雱曰不處者濟難而已不以爲常

是以君子居則貴左

河曰貴柔弱也

用兵則貴右

明皇曰左陽也陽和則發生故平居所貴右陰也陰凝則肅殺故用兵所貴○河曰貴剛强也此言兵道與君子道反所貴者異也

兵者不祥之器

明皇曰祥善也好兵者尚殺爲不善之材器也○河曰兵革者不善之器也

非君子之器

明皇曰君子以道德爲材器不貴兵謀○河曰非君子所貴重器也○雱曰君國以

無爲子民以慈惠故不尚兵

不得已而用之

河曰謂遭衰逢亂禍欲加萬民乃用之以自守

恬淡爲上

明皇曰夷狄内侵故不得已善勝不爭是恬淡爲上○河曰不貪土地利人財寳

故不美也

河曰雖得勝而不以爲利美也

若美必樂之樂之者是樂殺人也

河曰：是得勝者是爲喜樂殺人者○雱曰兵器主於殺伐而過爲之飾使美而可觀是以殺人爲美也

夫樂殺人者不可得志於天下矣

明皇曰制勝於敵必哀其人故不以爲美也夫勝必多殺若以勝爲美者是樂多殺人也樂多殺人人必不附欲求得志不亦難乎○河曰爲人君而樂殺人此不可得志於天下爲人主必專制人命妄行刑誅

雱曰孟子曰不嗜殺人者能一之

故吉事尚左

河曰左生位也

凶事尚右

河曰陰道殺也

是以偏將軍處左

河曰偏將軍卑而居陽者以其不專殺也

上將軍處右

明皇曰偏將軍卑而處左者不專殺也上將軍尊而處右者主兵謀也○河曰上將軍尊而居右者言其主殺也

言居上勢則以喪禮處之
明皇曰喪禮尚右今上將軍居右者是以喪禮處置之○河曰上將軍於右喪禮尚右死人貴陰也
殺人衆多以悲哀泣之
明皇曰以生靈之貴而交戰殺之有惻隱之心故以悲哀傷泣之爾○河曰傷己德薄不能以道化人而害無辜之民
戰勝以喪禮處之
明皇曰勇士雄人戰而獲勝勝則受爵居

於右位尚右非吉是以喪禮處之但以爲不祥之器亦句必縞素爲資○河曰古者戰勝將軍居喪主禮之位素服而哭之明君子貴德而賤兵不得已誅不祥心不樂之比於喪也知後世用兵不已故悲痛之

弼曰疑此非老子之作也

道常無名章第三十二

道常無名

明皇曰道以應用爲常常能應物其應非一故於常無名○河曰道能陰能陽能弛

能張能存能亡故無常名也○雱曰道無
體焉得名

樸雖小天下莫能臣

明皇曰樸妙本也妙本精一故云小而應
用匠成則至大也故無敢以道爲臣者○

靡五　七

河曰道樸雖小微妙無形天下不敢有臣
使道者也○雱曰樸在人爲性於數爲一
不主一氣而能成萬象故常在事物之先
孰能臣之然取於一念而足可名爲小矣
易曰復小而辨於物

侯王若能守萬物將自賓

明皇曰侯王若能守道精一無爲而化則萬物將自賓服矣○河曰侯王若能守道無爲萬物將自賓服從於德也○弼曰道無形不繫常不可名以無名爲常故曰道常無名也樸之爲物以無爲心也亦無名故將得道莫若守樸夫智者可以能臣也勇者可以武君也巧者可以事役也力者可以重任也樸之爲物憒然不偏近於無有故曰莫能臣也抱樸無爲不以物累其

眞不以欲害其神則物自賓而道自得矣雱曰賓者伏而歸之之謂侯王體此無名之樸以爲天下正則不假威武勸賞物不知其然而自賓矣猶收其母則子必從也

天地相合以降甘露

河曰侯王動作能與天相應合天即下甘露善瑞也

人莫之令而自均

明皇曰侯王若能抱守精一則地平天成交泰致和故降灑甘露夫甘露之降蕭蘭

俱澤不煩教令而自均平取譬侯王稱物平施○河曰天降善瑞則萬物莫有教令之者皆自均調若一也○弼曰言天地相合則甘露不求而自降我守其真性無為則民不令而自均也○雱曰守無名之樸以為治則陰陽之升降各由其序而和氣應矣甘露者陰陽交和所生自然均被無使之者蓋道之所感無所不周故也孟子曰上下與天地同流豈曰小補之哉此之謂也若莊子所謂寒暑之和不成反傷人

之形者蓋失此道而已一本人作民非

始制有名

河曰始道也有名萬物也道無名能制於有名無形能制於有形也

名亦既有

明皇曰人君以道致平始能制御有名之物故有名之物亦盡爲侯王所有矣既盡也○河曰既盡也有名之物盡有情欲叛道離德故身毀辱也

天亦將知止

河曰人能法道行德天亦將自知之

知止所以不殆

明皇曰若侯王能制有名之物則夫有名之物亦將知依止於侯王知依止有道之君所以無危殆之事○河曰天知之則神靈祐助不復危殆○弼曰始制謂樸散始爲官長之時也始制官長不可不立名分以定尊卑故始制有名也過此以往將爭錐刀之末故曰名亦既有夫亦將知止也遂任名以號物則失治之母也故知止所

以不殆也○雱曰名迹既立則民將遂而不返枝葉横生源流派别而性命爛熳矣故始制有名當即知止則終無爭奪之危制者判樸成器之謂

譬道之在天下由川谷之於江海也

明皇曰天降甘露以瑞有道故譬有道之君在宥天下天下則應之猶如川谷與江海通流爾○河曰譬言道之在天下與人相應和如川谷與江海相流通也○弼曰川谷之不求水與海非江海召之不召不求

而自歸者世行道於天下者不令而自均不求而自得故曰猶川谷之與江海也○雱曰江海不求水而水歸之者由鍾水之多則性同者往矣道民之性也聖人能集其純全則有生之類從而賓之亦性然也

知人者智章第三十三

知人者智

河曰能知人好惡是爲智○雱曰智足以知人而昧於見已者由私已故也可名爲智而未明也

自知者明

明皇曰智者役用以知物明者融照以鑒微智則有所不知明則無所不照○河曰人能自知賢不肖是爲反聽無聲内視無形故爲明○弼曰知人者自智而已矣未若自知者超智之上也○雱曰智者如人識理明者如鏡鑒形鑒而無心所以能自見

勝人者有力

河曰能勝人者不過以威力也○雱曰力

可以勝人不可以勝己

自勝者强

明皇曰能制勝人者適可謂有力能自勝其心使柔弱者方可全其强爾○河曰人能自勝己情欲得天下無有能與己爭者故爲强○弼曰勝人者有力而已矣未若自勝者無物以損其力用其智於人未若用其智於己也用其力於人未若用其力於己也明用於己則物無避焉力用於己則物無改焉○雱曰自勝者克己從道能

專氣者也孔子曰棖也慾焉得剛不能自勝者也

知足者富

河曰人能知足之爲足則長保福禄故爲富也〇弼曰知足者自不失故富也〇雱曰性分之内萬物皆足窮居不損大行不加而愚者或舍至貴而徇腐餘故知有萬之富則輕天下而不顧矣此真富也孟子曰萬物皆備於我矣豈非富乎

强行者有志

明皇曰知止足者無貪求可謂富矣强力行者不懈怠可謂有志節矣○河曰人能强力行善則為有意於道道亦有意於人弼曰勤能行之其志必獲故曰强行者有志矣○雱曰心營天下非真志也唯强行此道乃可謂志

不失其所者久

明皇曰知足强力不失其所惟則是久於其道者○河曰人能自節養不失其所受天之精氣則可以久○弼曰以明自察量

力而行不失其所必獲久長矣○雱曰性不爲物誘則久矣此盡性者也

死而不亡者壽

明皇曰死者分理之終亡者天注之數壽者一期之盡夫知人勝人必招殃咎知足强力動得天常得天常者死而不亡是一期之盡可謂壽矣○河曰目不妄視耳不妄聽口不妄言則無怨惡於天下故長壽弼曰雖死而以爲生之道不亡乃得全其壽身没而道猶存況身存而道不存乎○

雱曰賢人死曰鬼盡其道以反眞者也聖人死曰神未嘗死未嘗生也愚人死曰物雖生猶死耳盡道養神之人雖形體萬變而眞性湛然無所終極可謂壽矣此至於命者也嘗原此篇自知而後知所貴知所

靡五　十二

貴而後能修修者要在勝利欲之私勝其私者要在知内外之分夫然後能強行而進此道矣此盡性復命之序也蓋自知自勝者始也不可以不知人不勝人也而知人勝人者蓋將以自知自勝而已

大道汎兮章第三十四

大道汎兮

河曰言道汎汎若浮若沉若有若無視之不見說之難殊

其可左右

明皇曰大道汎兮無繫而能應物左右無所偏名○河曰道可左右無所不宜○弼曰言道汎濫無所不適可左右上下周旋而用則無所不至也○雱曰汎然不定於一物故用之無所不通

萬物恃之以生

河曰恃待也萬物皆恃道而生

而不辭

河曰道不辭謝而逆止也

功成不居

靡五 十三

明皇曰言萬物恃賴沖用而生化而道不辭以爲勞功用備成不名己有○河曰有道不名其有功也

衣被萬物而不爲主

河曰道雖愛養萬物不如人主有所收取

故常無欲可名於小矣

明皇曰愛養群材而不爲主宰於物無欲則可名於小言不可名小○弼曰萬物皆由道而生既生而不知其所由故天下常無欲之時萬物各得所若道無於物故名於小矣○雱曰此所謂小乃眞大也且以體道者譬之欲慮不萌泊然內一豈非小乎易曰復小而辨於物一本衣被作愛養

萬物歸焉而不知主

河曰萬物皆歸道受氣道非如人主有所

禁止也

可名於大矣

明皇曰愛養之故萬物歸之有萬物不同而不爲主則可名爲大言不可名大非小非大所以難名〇河曰萬物橫來橫去使各自在故不若於大也〇雱曰有意於主則反與物對唯其主萬物而未嘗有意乃所以充塞無外而莫能離大道之爲物方其小也未嘗不大方其大也未嘗離小但觀者各得其迹而已要而言之非小非大

不可言傳可以意得

是以聖人能成其大也

河曰聖人法道匿德藏名不爲滿大

以其不自大故能成其大

明皇曰是以聖人法道忘功終不自爲光

靡五 十四

大故能成其光大之業◎河曰聖人以身帥導不言而化萬事修治故能成其大◎弼曰爲大於其細圖難於其易◎雱曰自大則有其大有其大則小矣唯其非大而強名以大則眞大也

執大象章第三十五

執大象天下往

明皇曰大象道也帝王執持大道以理天下則天下萬物歸往矣○河曰執守也象道也聖人守大道則天下萬民移心歸往之也治身則大率所明往來於已也○弼曰大象天象之母也不寒不温不凉故能包統萬物無所犯傷主若執之則天下往也○雱曰帝王體道以君臨者不示人以迹而使天下逍遥於自得之場大象者道

之完體無形之謂也能執以御世則親譽不及往而不來夫豈慕𩡧呴沬之可擬哉

往而不害

雱曰聖人之治天下也雖窅然交喪無爲於上而能使天地鬼神鳥獸草木各暢其性而兩不相傷可謂至德矣

安平泰

明皇曰物性而不傷害則安於平泰○河曰萬物歸往而不傷害則國安家寧而致太平矣治身不害神明則身安而大壽也

弼曰無形無識不偏不彰故萬物得往而不害妨也○雱曰安而後平平而後泰

樂與餌過客止

明皇曰樂音樂也餌飲食也言人家有音樂飲食則行過之客皆爲之留止如帝王執道以故泰平亦爲萬物所歸往矣又解云樂以聲聚餌以味聚過客少留非久長也是以蘧廬不可以久處仁義覯之而多責故人君體道清靜淡然無味始除察察之政終化淳淳之人故下文結云用不可

既也○河曰餌美也過客一也人能樂美於道則一留止也一者去盈而處虚忽忽如過客○雱曰有聲有味故人悦而爲留

道之出言淡乎其無味

明皇曰人君以道德清静爲教初出於口淡乎其無味不如俗中言教有親譽畏侮等也○河曰道出入於口淡淡非如五味有酸鹹苦甘辛也

視之不足見

河曰足得也道無形非若五色有青黄赤

白黑可得而見

聽之不足聞

河曰道非若五音有宫商角徵羽可得聽聞

用之不可既

明皇曰以道鎮靜初無言教故視之不足見聽之不足聞而淳風大行萬物既阜歲計有餘故用不可既既盡也○河曰用道治國則國安民昌治身則壽命延長無有既盡時也○弼曰言道之深大人聞道之

言乃更不如樂與餌應時感悅人心也樂與餌能令過客止而道之出言淡然無味視之不足見則不足以悅其目聽之不足聞則不足以娱其耳若無所中然乃用之不可窮極也

將欲歙之章第三十六

將欲歙之必固張之

河曰先開張之者欲極其奢淫

將欲弱之必固强之

河曰先强大之者欲使遇禍患

將欲廢之必固興之

河曰先興之者欲使其驕危也

將欲奪之必固與之

河曰先與之者欲極其貪心也○雱曰陰陽之情周旋如轉輪反復如引鋸往窮必反盛極必衰觀乎月滿之虧日中之昃則萬物一致斷可知矣唯至人深達主幾明乎無眹故養生則裕於屈伸處已則適乎消長涖事則知成敗之策御敵則達禽縱之權古之人所以酬酢萬變而澹然無事

卷五第二十一

者誠以此道也然則雖鬼神之幽將不能窺而況於世俗之昏亦何以測其妙乎易曰尺蠖之屈以求伸也龍蛇之蟄以存身也

是謂微明

明皇曰經云正言若反易云巽以行權權反經而合義者也故君子行權貴於合義小人用之則爲詐譎孔子曰可與立未可與權信矣故老君前章示執大象斯謂之實此章繼以歙張是謂之權欲量象空根

性故以權實覆却相明令必致於性命之域而惑者乃云能道德之忘何其迷而不悟哉故將欲歙歛衆生情欲則先開張極其侈心令自因於愛欲則當歙歛矣强弱等義略與此同此道甚微而效則明著故云是謂微明○河曰此四事其道微其效明也○弼曰將欲除强梁去暴亂當以此四者因物之性令其自戮故曰微明也足其張令之足而又求其張則衆所翕也與其張之不足而改其求張者愈益而已反

危○雱曰此理至微而明惟知幾者足以
識之易曰知幾其神乎幾者動之微吉之
先見也此道之妙用聖人所以宰制役使
能與造化同功者也故以此篇結道經之
義

柔之勝剛弱之勝强

明皇曰巽順可以行權權行則能制物故
知柔弱者必勝於剛强矣○河曰柔弱者
久長剛强者必亡也○雱曰見形則知剛
强之制柔弱識理則悟柔弱之勝剛强至

人深達微明之義故謙而不亢沖而不盈不與物爭而亦莫能與之爭也雖然此道本之言耳若夫變化無常則一柔一剛一弱一强孰能定之哉顧雖剛强而柔弱不能勝者動契乎理而心不離乎柔弱也由此觀之又知柔弱之勝剛强矣此兩者所謂利器一本作柔弱勝剛强

魚不可脱於淵

河曰魚脱於淵爲去剛得柔不可復與也

國之利器不可以示人

明皇曰脫失也利器權道之旹權道不可以示非其人故舉喻云魚若失泉則為人所得權道示非其人則當竊以為詐譎矣河曰利器權道也治國權者不可以示執事之臣也不可道者不可以示非其人也弼曰利器利國之器以惟因物之性不假形以理物器不可覩而物各得其所則國之利器也示人者任刑也刑以利國則失矣魚脫於淵則必見失矣利國器而立形以示人亦必失矣○雱曰魚巽伏柔弱而

自藏於深眇之中以活身者也聖人退處幽密而操至權以獨運斡萬化於不測故力旋天地而世莫覩其健威伏海內而人不名以哉豈暴露神靈而使衆得而議之哉嘗竊論之聖人之所以異於人者知幾也夫以剛强遇物則物之剛强不可勝敵矣天下皆以剛强勝物也而吾獨寓於柔弱不爭之地則發而用之其孰能禦之者歟況夫天道則秋冬之爲春夏亦一驗矣彼而聖人者自藏於深眇之中而託柔弱以爲

○[illegible]心故行萬物於術內而神莫能知其自此○所謂密用獨化者易曰巽以行權莊子曰於魚得計義協於此言之雖繁豈能名其致哉唯明者以神解之以意了之斯可矣

道常無爲章第三十七

道常無爲

河曰道以物爲惡常也○弼曰順自然也

雱曰雖爲之時未嘗有爲

而無不爲

弼曰萬物無不由爲以治以成之也○雱

曰雖無爲之時未嘗不爲

侯王若能守

雱曰君人體道以治則因時乘理而無意於爲故雖無爲而不廢天下之爲而吾實未嘗爲也天何言哉四時行焉萬物生焉

侯王之道天其盡之矣

萬物將自化

明皇曰妙本謂静故常無爲物將以生而無不爲也侯王若能守道無爲則萬物自化君之無爲而純樸矣○河曰言侯王若

能守道萬物將自化妙於已也○雱曰日化於道而不知

化而欲作

雱曰化而日進則如嬰兒之長必至於志意充起天和漸衰觀夫三代中流物情彫敝則可知也

吾將鎮以無名之樸

明皇曰言人既從君上之化已無爲清靜而復欲動作有爲者吾將以無名之樸而鎮靜之無名之樸道也○河曰吾身也無

名之樸道也萬物以化効於已也復欲作巧僞者侯王當身鎮撫以道德○雱曰天下既化於道則日進於治治極則名實俱立民逐而不返故常抱無名之樸以鎮定其志意使一於性本雖然救於已成則亦

晩矣故於欲作之時便當爲爾也

無名之樸

弼曰化而欲作作欲成也吾將鎮之以無名之樸不爲主也

○亦將不欲

雱曰無欲競也○雱曰聖人之抱樸無爲乃其自然故雖應世之變糾紛於事物之時未嘗離也豈欲警天下之亂而後爲之哉夫欲爲而爲之則據此巳有爲欲之實豈眞無名之樸歟唯渾然常一不知其然而自然者不期爲樸而樸常全也

不欲以靜

河曰言侯王鎭撫以道德民亦將不欲改當以清靜導化之也

天下將自正

明皇曰言人君既以無名之樸鎮静蒼生不可執此無名之樸而令有迹將恐尋迹喪本復入有爲故於此無名之樸亦將兼忘不欲於無欲無欲亦忘泊然清静而天下自正矣○雱曰欲而動則離性離於性則非正也己且未正安能正天下哉故唯不欲而静者能正己而物正也此爲道之效而道亦喪於此故道經終焉

道德真經集註卷之五

卷五第二十七

道德眞經集註卷之六

龔

明皇 河上公 王弼 王雱 註

德經

雱曰德者得也物生乎道而名得於道故謂之性得其性而不失則德之全也德未嘗異道而有其德者嘗至於自私而失道彼眞人者不然性命道德之實渾乎其爲一而四者之名應世而殊號吾莫知其異亦莫知其同也是德之玄者也雖然德者得也能無失乎哉唯以無得爲德而德乎不德則可謂至矣是體道者也非有德者也

上德不德章第三十八

上德不德

河曰上德謂太古無名號之君德大無上

故言上德也不德者言其不以德教民因循自然養人性命其德不見故言不德也

是以有德

河曰言其德合於天地和氣流行民得以全也○雱曰全德之人體道盡常德外無復餘物故無德名

下德不失德

河曰下德謂號謚之君德不及上德故言下德也不失德者其德可見其功可稱也

是以無德

明皇曰德者道之用也莊子曰物得以生謂之德時有淳醨故德有上下上古淳樸德用不彰無德可稱故云不德而淳德不散無爲化清故云是以有德逮德下衰功用稍著心雖體道跡涉有爲執德可稱故云不失跡涉於有此上爲麤故云是以無德○河曰以有名號及其身○雱曰德至則無德下德之人適令於德而已無德之德則非至人所謂德也經曰同於德者德亦得之

上德無爲

河曰謂法道安靜無所故爲也

而無以爲

明皇曰知無爲而無爲者非至也無以無爲而無爲者至矣故上德之無爲非徇無爲之美但含孕淳樸適自無爲故云而無以爲此心迹俱無爲也○河曰言無名號

雱曰上德無爲然亦無所事爲而德自足也

下德爲之

河曰言爲教令施政事也

而有以爲

明皇曰下德爲之者謂心雖無爲以功用彰著迹涉於有爲故云爲之言下德無爲而有所以爲此心無爲而迹有爲也○河曰言以爲己取名號也○雱曰下德之人不修則不至是以既不至於無爲而又勢當有爲也所謂上德者兼下德之事方其有爲同於下德然未嘗離乎上德也

上仁爲之

河曰上德謂行仁之君其仁無上故言上仁也爲之者爲仁恩

而無以爲

明皇曰仁者兼愛之名下德衰而上仁見所以爲兼愛之仁故云爲之行仁而忘仁亦欲求無爲故云而無以爲此則心有爲而迹無爲也且上仁稱無爲者據迹欲無爲而方上義爾未可以語下德之有爲也河曰功成事立無以執爲○雱曰仁乃善之長德之別名既別於德則是爲之也然

聖人之仁盡性而足不事於作故無以爲

上義爲之

河曰爲義以斷割也

而有以爲

明皇曰義者裁非之謂謂裁非之義故云爲之有以裁非斷割令得其宜故云而有以爲此則心迹俱有爲也○河曰動作以爲已殺人以成威賊下以自奉也○雱曰仁有不足乃經以義

上禮爲之

河曰謂上禮之君其禮無上故言上禮爲之者言爲禮制度序威儀

而莫之應

河曰言禮華盛實衰飾僞煩多動則離道不可應也

則攘臂而仍之

明皇曰六紀不和則爲禮以救之故云爲之禮尚往來不來非禮行禮於彼而彼不應則攘臂而怒以相仍引○河曰言煩多不可應上下忿爭故攘臂相仍引○雱曰

禮所以定上下別親踈審隆殺也種種分別得失始彰純誠巳虧乃制其外外貌既嚴責望深矣雖名止邪之具兹實爭亂之端竊嘗原禮於物爲火於時當夏夏者萬物去本盛末之時觀四時之有夏則禮者聖人所不免也方期去末歸本則以禮爲非亦所不免也聖人之教時而巳矣何常之有而歸本之言於學者爲要矣

故失道而後德

河曰言道衰而德化生也

失德而後仁

河曰言德衰而仁愛見也

失仁而後義

河曰言仁衰而分義明也

失義而後禮

明皇曰失道者失上德也上德合道故云失道夫道德仁義者時俗夷險之名也故道衰而德見德失而仁存仁亡而義立義喪而禮救斯皆適時之用爾故論禮於淳樸之代非狂則悖忘禮於澆醨之日非愚

則誣若能解而更張者當退禮而行義退義而行仁退仁而行德忘德而合道人反淳樸則上德之無爲也

夫禮者忠信之薄

河曰言禮廢本治末忠信日以衰薄

靡六　五

而亂之首也

明皇曰制禮者爲忠信衰薄而以禮爲救亂之首爾用禮者在安上理人豈玉帛云乎哉○河曰禮者賤質而貴文故正直日以少邪亂日以生○雱曰太古之道降爲

帝德帝德又降乃有王者王者始任禮以治自王者之後天下之俗可見矣然則亂首之言豈其安歟

前識者道之華

河曰不知而言知爲前識此人失道之實得道之華

而愚之始也

明皇曰識者人性識也謂在人性識之前而制此檢外之禮雖欲愚時實喪淳樸故云道之華禮以救亂所貴同和而失禮意

者則將矜其玉帛者其民詭如此之人性其愚昧之始◎河曰言前識之人愚闇之倡始◎雱曰智藏於賢人之德本華乃草木之精發見於外者也雖足以美一時之觀而華盛則本衰矣智者亦德性之精也固當深藏於本而乃發露乎外以爲前識夫事有常運至則應耳而奚以豫識其兆爲哉種種分別以示聰明世俗覩其有先幾之明而聖人以爲眞愚者之始孔子曰不逆詐不億不信亦惡夫爲華而已

是以大丈夫處其厚

河曰大丈夫謂得道之君也處其厚者處身於敦朴

不處其薄

河曰不處身違道爲世煩亂也

摩菲六　六

居其實

河曰處忠信也

不居其華

明皇曰有爲者道之薄禮義者德之華故聖人處無爲之事其厚也不處其薄矣退

禮義之行其華也自居其實矣○河曰不尚言也

故去彼取此

明皇與河注同○河曰去彼華薄取此厚實○弼曰德者得也常得而無喪利而無害故以德爲名焉何以得德由乎道也何以盡德以無爲用以無爲用則莫不載也故物無焉則無物不經有焉則不足以免其生是以天地雖廣以無爲心聖王雖大以虛爲主故曰以復而視則天地之心見

至日而思之則先王之主覩也故滅其私而無其身則四海莫不瞻遠近莫不殊其已而有心則一體不能自全肌骨不能相容是以上德之人唯道是用不德其德無執無用故能有德而無不爲不求而得不爲而成故雖有德而無德名也下德求而得之爲而成之則立善以治物故德名有焉求而得之必有失焉爲而成之必有敗焉善名生則有不善應焉故下德爲之而有以爲也無以爲者無所偏爲也凡不

能無爲而爲之者皆下德也仁義禮節是也將明德之上下輒舉下德以對上德至于無以爲極下德之量上仁是也是及於無以爲而猶爲之焉爲之而無以爲故有爲爲之患矣本在無爲母在無名棄本捨母而適其子功雖大焉必有不濟名雖美焉僞亦必生不能不爲而成不興而治則乃爲之故有弘普博施仁愛之者而愛之無所偏私故上仁爲之而無以爲也愛不能兼則有折抗正直而義理之者忿枉祐

直助彼功此物事而有以心爲矣故上義爲之而有以爲也直不能售則有存飾修又禮敬之者尚好修敬校責往來則不對之間忿怒生焉故上禮爲之而莫之應則攘臂而仍之夫大之極也其唯道乎自此已往豈足尊哉故雖德盛業大富有萬物猶各有其德而未能自周也故天不能爲載地不能爲覆人不能爲贍萬物雖貴以無爲用不能捨無以爲體也不能捨無以爲體也失其爲大矣所謂失道而後德也

以無為用則德其母故能已不勞焉而物無不理下此已往則失用之母不能無為而貴博施不能博施而貴正直不能正直而貴飾敬所謂失德而後仁失仁而後義失義而後禮也夫禮也所始首於忠信不篤通簡不暢責備於表機微爭制夫仁義發於內為之猶偽況務外飾而可久乎故失禮者忠信之薄而亂之首也前識者前人而識也即下德之倫也竭其聰明以為前識役其智力以營庶事雖得其情姦巧

彌密雖豐其譽愈喪篤實勞而事昏務而治薉雖竭聖智而民愈害舍己任物則無為而泰守夫素樸則不順典制聽彼所獲棄此所守識道之華而愚之首故苟得其爲功之母則萬物作焉而不辭也萬事存焉而不勞也用不以形御不以名故仁義可顯禮敬可彰也夫載之以大道鎮之以無名則物無所尚志無所營各任其貞事用其誠則仁德厚焉行義正焉禮敬清焉棄其所載舍其所生用其成形役其聰明

則仁失誠焉義其競焉禮甚爭焉故仁德之厚非用仁之所能也行義之正非用義之所成也禮敬之清非用禮之所濟也載之以道統之以母故顯之而無所尚彰之而無所競用夫無名故名以篤焉用夫無形故形以成焉守母以存其子崇本以舉其末則形名俱有而邪不生大美配天而華不作故母不可遠本不可失仁義母之所生非可以爲母形器匠之所成非可以爲匠也捨其母而用其子棄其本而適其

末名則有所分形則有所止雖極其大必有不周雖盛其美必有患憂功在爲之豈足處也○雱曰自拔於常流之中而思比德於至聖非眞大丈夫孰能如此

昔之得一章第三十九

昔之得一者

明皇曰一者道之和謂沖氣也以其妙用在物爲一故謂之一爾○河曰昔往也一無爲道之子也○弼曰昔始也一數之始而物之極也各是一物之生所以爲主也

物各得此一以成既成而舍一以居成居成則失其母故皆裂發歇竭蹷也

天得一以清地得一以寧

河曰言天得一故能垂象清明地得一故能安靜不摇動

神得一以靈

河曰言神得一故能變化無形○雱曰神謂鬼神之神靈者神之散也

谷得一以盈

河曰言谷得一故能盈滿而不絶也○雱

曰一之爲一無乎不徧故谷虚而能應者

一存乎中也

萬物得一以生

河曰言萬物皆須道以生成也

侯王得一以爲犛六天下貞

河曰言侯王得一故能爲天下平正

其致之一也

明皇曰物得道用因用立名道存則名立用失則實喪矣故天清地寧神靈谷盈皆資妙用以致之故云其致之○河曰致誠

也謂下五事也○弼曰各以其一致此清寧靈貞盈生○雱曰一者不二在彼在此其所謂一其體常一無有別一故惟一可以致一不可以他致一也一之爲義天下之至精唯精故能神神則盡之矣而神之爲德常在一也

天無以清將恐裂

河曰言天當有陰陽施張晝夜更用不可但欲清明無已時將恐分裂不爲天○弼曰用一以致清耳非用清以清也守一則

清不失用清則恐裂也故爲功之母不可舍也是以皆無用其功恐喪其本也

地無以寧將恐發

河曰言地當有高下剛柔氣節五行不可但欲安靜無已時將恐發泄不爲地

神無以靈將恐歇

河曰言神當有王相囚死休廢不可但欲靈無已時將恐虛歇不爲神也

谷無以盈將恐竭

河曰言谷當有盈縮虛實不可但欲盈滿

無已時將恐枯竭不爲谷

萬物無以生將恐滅

河曰言萬物當隨時生死不可但欲生無已時將恐滅亡不爲物也

侯王無以爲貞而貴高將恐蹷

明皇曰得一者不可矜其用故誡云天無以其清而矜之將恐分裂地無以其寧而矜之將恐發泄神矜則靈歇谷矜則盈竭物矜則生滅侯王矜其貴則將顛蹷矣聖教垂代本爲生靈雖遠舉天地之清寧而

卷六第十四

會歸只在於侯王守雌用道耳故下文云
河曰言侯王當屈已以下人汲汲求賢不可但欲貴高於人將恐顛蹷失其位也○雱曰一之爲一無乎不在欲言其理詞不勝窮且以人形言之凡人初生精爲之本因精集神體象斯具精之既喪形斃神離或形其理無二也一本無爲貞而三字

故貴以賤爲本

河曰言必欲尊貴當以薄賤爲本若禹稷躬稼舜陶河濵周公下白屋也

高以下爲基

明皇曰侯王貴高兆民非下爲國者以人爲本基當勞謙以聚之令樂其愷悌之化不有離散○河曰言必欲尊貴當以下爲本基由築墻造功因卑成高下不堅固後必傾危○雱曰水於五行其數爲一而趨下不爭乃陰陽之情也知此道者雖居貴高而不忘基本故居位也安猶體神而存精則神常存也

○是以侯王自稱孤寡不轂

○一本作轂○河曰孤寡喻孤獨不轂喻不能如車轂爲衆輻所湊○

此其以賤爲本邪

河曰言侯王至尊貴能以孤寡自稱此非以賤爲本乎以曉人

非乎

明皇曰孤寡不轂則凡情所惡侯王自稱以謙爲本非乎者明是以賤爲本爾○河曰嗟歎之辭○雱曰一於數至少而爲萬物本故知本在於賤知賤乃貴也

故致數轝無轝

御本作數輿無輿弼本作數譽無譽○明
皇曰數與則無與輪輮爲與本數貴則無
貴賤下爲貴本元爲與本當存元以定與
賤爲貴本當守賤以安貴將戒侯王以賤
爲本故致此數與之談也○河曰致就也
言人就車數之爲輻爲輪爲轂爲衡爲曰
尊無有名爲車者故成爲車以喻侯王不
以尊號自名故能成其貴○雱曰知一者
以賤爲本而內韜至貴故世不得而貴亦

不得而賤苟爲已而數致稱譽豈眞譽乎○一本譽作輿非

不欲琭琭如玉落落如石

明皇曰琭琭玉貌落落石貌以賤爲大○河曰琭琭喻少落落喻多玉少故見貴石多故見賤言不欲如玉爲人所貴如石爲人所賤當處其中也○弼曰清不能爲清盈不能爲盈皆有其母以存其形故清不足貴盈不足多貴在其母而母無貴形貴乃以賤爲本高乃以下爲基故致數譽乃

無譽也玉石琭琭落落體盡於形故不欲也○雱曰玉石體堅而一定不能曲變非所謂一也若夫萬變而常一則眞一矣故玉琭琭貴而已矣不能賤也石落落賤而已矣不能貴也老氏既明一義恐不悟者執一不變堅如玉石則失一之理矣夫唯體一者一貴一賤其德如水方圓枉直應物無窮而不離於一故不可得而貴賤以一無貴賤故也此篇義最奧密難言今粗明綱領而已蓋道生一一則德之全體於物

則幾於道者是也上篇序德經之大旨次以此篇則論德之者亦猶終以小國寡民而更有信言不美耳

反者道之動章第四十

反者道之動

明皇曰此明權也反者取其反經合義反經合義者是聖人之行權行權者是道之運動故云反者道之動○河曰反本也本者道之所以動動生萬物背之則亡也○弼曰高以下爲基貴以賤爲本有以無爲

用此其反也動皆之其所無則物通矣故曰反者道之動也○雱曰反本則靜靜乃能動譬如秋冬能起春夏也

弱者道之用

明皇曰此明實也弱者取其柔弱雌靜柔弱雌靜者是聖人之處實處實者是道之常用故云弱者道之用○河曰柔弱者道之所常用故能長久○弼曰柔弱同通不可窮極○雱曰道之用無所不克可謂健矣而獨健不能自健必以弱爲之本此相

生之情故下文原其本以明之

天下之物生於有

一本作萬物○河曰萬物皆從天地生天
地有形位故言生於有也

有生於無

明皇曰夫實之於權由無之生有故行權
者貴反於實用有者必資於無然至道沖
寂離於名稱諸法性空不相因待若能兩
忘權實雙泯有無數輿無輿可謂超出矣

河曰天地神明蜎飛蠕動皆從道生道無

形故言生於無此言本勝於華弱勝於强謙虚勝盈滿也○弼曰天下之物皆以有爲生有之所始以無爲本將欲全有必反於無也○雱曰無以生有有復爲無反復相生萬物一致

上士聞道章第四十一

上士聞道勤而行之

明皇曰了悟故勤行○河曰上士聞道自勤苦竭力而行之○弼曰有志也○雱曰士學者也故尚志無志則終不可以語道

矣

中士聞道若存若亡

明皇曰中士可上可下故疑疑則若存若亡○河曰中士聞道治身以長存治國以未平欣然而存之退見財色榮譽或於情欲而復亡之也○雱曰人聞夫子之道而悦者是也

下士聞道大笑之

明皇曰迷而不信故笑○河曰下士貪狼多欲見道柔弱謂之恐懼見道質朴謂之

鄙陋故大笑之○雱曰道大故似不肖淺見者所不識故笑誠如下文所云豈流俗能覩乎

不笑不足以爲道

明皇曰不爲下士所笑不足以爲玄妙至道○河曰不爲下士所笑不足以名爲道雱曰孑然有體以投世俗耳目者豈道也哉

故建言有之

明皇曰建立也將欲立言明此三士於道

不同○河曰建設也設言以有道當如下句○弼曰建由立也

明道若昧

河曰明道之人若闇昧無所見○弼曰光而不耀○雱曰大明若晦察察於美惡而有其明非明乎道也

夷道若纇

明皇曰上士勤行於明若昧於進若退於夷若纇故中士疑而下士大笑之○河曰夷平也大道之人不自別殊若多比纇也

弼曰纇㘨也大夷之道因物之性不執乎以割物其平不見乃更反若纇㘨也○雱曰莊子曰以不平平其平也已

進道若退

河曰進取道者若退不及○弼曰後其身而身先外其身而身存○雱曰孟子曰其進鋭者其退速故進道當因時任理以直養之不可躁於有成故若退也彼揠苗者異乎此矣

上德若谷

明皇曰虛氿而容物○河曰上德之人若深谷不恥垢濁也○弼曰不德其德無所懷也○雱曰上德不德而其用不窮谷虛而能應者也

大白若辱

明皇曰純潔而含垢○河曰夫潔白之人若汚辱不自彰顯○弼曰知其白守其黑大白然後乃得○雱曰知其白守其黑孔子曰涅而不淄涅故似辱

廣德若不足

明皇曰大成而執謙○河曰德行廣大之人若愚頑不足也○弼曰廣德不盈廓然無形不可滿也○雱曰塊然有餘者豈廣德哉

建德若偷

明皇曰立功而不衒○河曰建設道德之人若可偷引使空虛也○弼曰偷匹也建德者因物自然不立不施故若偷匹○雱曰偷苟且也區區欲速務有所建豈足以爲德唯因時任理視若偷惰者其建大莊

子曰不得已而後起

質眞若渝

明皇曰淳一而和光○河曰質朴之人若五色有渝淺不明○弼曰質眞者不矜其眞故渝○雱曰體性抱神以遊乎世俗之間者萬變從俗而其眞常眞故物莫知其眞彼漢陰文人子子以眞爲己任而別乎世俗乃子貢之徒所驚而聖人以爲假修渾沌者豈所謂質眞乎

大方無隅

明皇曰不小立圭角○河曰大方正之人無妄曲廉隅○弼曰方而不割故無隅也雱曰大方道之體也若有四隅則形盡於所見其小久矣

大器晚成

明皇曰且無近功○河曰大器之人若九鼎瑚璉不可卒成也○弼曰大器成天下不持全别故必晚成也○雱曰帝王之功不如霸者之速効

大音希聲

○明皇曰不飾小說○河曰大音猶雷霆待時而動喻常愛氣希言也○弼曰聽之不聞名曰希不可得聞之音也有聲則有分有分則不宮而商矣分則不能統衆故有聲者非大音也○雱曰道盈於無外而其體常寂諸物不能感觸其聲常聲不世莫得聞也莊子曰無聲之中獨聞和焉希聲之謂乎

大象無形

○明皇曰故能應萬類○河曰大法象之人

質朴無形容○弼曰有形則有分有分者不溫則炎不炎則寒故象而形者非大象雱曰能賦萬物之形而其體廓然不可得而有此道之全體由其有物故曰大象

道隱無名

明皇曰功用不彰無名氏也○河曰道潛隱使人無能指名也○雱曰自希聲而下皆道之大全所由言者異故曰大音也大象也能體大音大象以爲道則其道至矣夫唯道之至思慮之所不及在有也爲實

在無也爲空處處皆然無乎不在故欲爲之名而不可狀無名之中常有此物欲見而不得故曰隱也

夫惟道善貸且成

明皇曰雖隱無名氏而實善以沖和妙用資貸萬物且成熟之○河曰成就也言道善稟貸人精氣且成就之也○弼曰凡此諸善皆是道之所成也在象則爲大象而大象無形在音則爲大音而大音希聲物以之成而不見其形故隱而無名也貸之

非唯供其乏而已一貸之則足以永終其德故曰善貸也成之不加機匠之[illegible]無物而不濟其形故曰善成○雱曰道能供萬物之求而成就之然物之所得復[illegible]其本故道雖贍足萬物而吾未嘗費貸之爲言

應彼之乏而終以見還者也竊嘗論此篇曰道不遠人而世莫能覩者不明故也故首之以明道大道甚夷而惟明者能由之以進故次曰夷道也進道也進於道而復乎性命之常則不德之德也故次之以上

德上德者自得其德而不同乎庶物者也故不染而白以其白自異於物則安能若谷乎故次之以若辱不辱而潔則可及伯夷之隘也則安能廣乎故若辱而後可以廣德上德而能廣則是與人爲徒而可以爲君師矣故曰建德若偷偷者不汲汲乎有建者也建德則有所立而離本近僞矣故又要在乎不易吾眞故次之以質眞甘以序至此則道之在我者體既具矣故曰大方無隅有大方以爲體則所以應無方之傳而

可以緒餘爲人矣故曰大器大器者業也至人以其糠粃土苴爲器而器未嘗不大也孔子以管仲爲小器則帝王之功其大器乎道雖爲此而要其終則未嘗爲也未嘗有也故曰大音也大象也然則既盡之

矣故能與道爲一而供萬物之求成萬物之性也嗚呼是道也不可以識識而況於以言乎而余論之者亦其粗而已矣

道生一章第四十二

道生一

○河曰道始所生者一

一生二

河曰一生陰與陽也

二生三

明皇曰一者沖氣也言道動出沖和妙氣於生物之理未足又生陽氣陽氣不能獨生又生陰氣積沖氣之一故云一生二積陽氣之二故云二生三○河曰陰陽生和清濁三氣分爲天地人也

三生萬物

明皇曰陰陽含孕沖氣調和然後萬物阜成故云三生萬物○河曰天地共生萬物也天施地化人長養之也○雱曰道兼陰陽有陰有陽有陰陽之中此三物者始應一二三之數而物之類莫不由此以出入故其情與形至纖至悉而考其法象咸類是矣知此者是知萬物之本也知其本則其於末也何有至人所用居今日而知萬世之後者或在是也

○萬物負陰而抱陽○

卷六第二十七

河曰萬物無不負陰而向陽回心而就日

沖氣以爲和

明皇曰萬物得陰陽沖氣生成之故故負抱陰陽含養沖氣以爲柔和也○河曰萬物中皆有元氣得以和柔若胷中有藏骨中有髓草木中有空虛與氣通故得久生也○雱曰由之以生故無不負抱之者觀吾之形則其法見矣陰陽適中乃和凡此以明物皆係陰陽之屬爲數所定當與之消息也

靡六 二十二

人之所惡唯孤寡不穀而王公以爲稱

明皇曰萬物皆以沖和之氣爲本而沖氣和柔守本者當須謙卑柔弱故王公至尊而稱孤寡不轂者以謙柔爲本故也○河曰孤寡不轂者不神之名而王公以爲稱者處謙卑法虛空和柔○雱曰陰極生陽陽極生陰陰陽之情也故高則傾窪則盈侯王居極尊之位其勢至危故取人之所惡自名以適陰陽之和也故下文云

故物或損之而益益之而損

○明皇曰自損者人益之自益者人損之故朝宗者善於下謙弱者生之柄孤寡之稱不亦宜乎○河曰夫增高者崩貪富者致患○弼曰萬物萬形其歸一也何由致一由於無也因無乃一一可謂無已謂之一豈得無言乎有言有一非二如何有一有二子生乎三從無之有數盡乎斯過此以往非道之流故萬物之生吾知其主雖有主形沖氣一焉百姓有心異國殊風而得一者王侯主焉以一為主一何可舍先多

愈遠損則近之損之至盡乃得其極既謂之一猶乃至三況本不一而道可近乎損之而益豈虛言也○雱曰澤下而肥山聳而瘦午過必昃虧至乃盈凡類屬陰陽數由一二者理極則反物物皆然至人以此適盈虛之時順消息之理常以謙沖自牧豈或强亢致畱者乎

人之所教

河曰謂衆人所以教去弱爲强去柔爲剛

亦我義教之

明皇曰老君云人君所欲立教教人者當以吾此柔弱非虛之義以教之○河曰言我教衆人使去强爲弱去剛爲柔○弼曰我之非强使人從之也而用夫自然舉其至理順之必吉違之必凶故人相教違之必自取其凶也亦如我之教人勿違之也

强梁者不得其死

明皇曰强梁之人動與物无求益而損物或擊之故不得其死○河曰强梁者謂不信玄妙背叛道德不從經教尚勢任力也

不得其死者爲天所絶兵刃所伐王法所
殺不得以壽命而死也

吾將以爲教父

明皇曰吾見強梁者亡柔弱者全故以此
柔弱之教爲衆教之父也○河曰父始也
老子以強梁之人爲教戒之始也○弼曰
強梁則必不得其死人相教爲強梁則必
如我之教人不當爲強梁也舉其強梁不
得其死以教即吉云順吾教之必吉也故
得其違教之徒適可以爲教父也○雱曰

識陰陽之情則物物有理皆可以師强梁殞身物之至惡苟識理者覩之足以鑒消息之理以爲教父不亦宜乎

天下之至柔章第四十三

天下之至柔馳騁天下之至堅

明皇曰天下之至柔者正性也若馳騁代務染雜塵境情欲充塞則爲天下之至堅矣○河曰至柔者水也至堅者金石也水能貫堅入剛無所不通○弼曰氣無所不入水無所不出○雱曰聖人所以執柔而

御羣剛觀於物則水是也

無有入於無間

河曰無有謂道也道無形質故能出入無間通神羣生也〇雱曰有纖物則動爲窒閡安能入無間乎觀於境則至虛是也此

是以知無爲之有益

明皇曰無有者不染塵境令心中一無所有無間者道性清靜妙體混成一無間隙夫不爲可欲所亂令心境俱靜一無所有

則心與道合入無間矣故聖人云吾見身心清靜則能合道是知有爲之教不如無爲之有益耳○河曰吾見道無爲而萬物自化成是以知無爲之有益於人也○弼曰虛無柔弱無所不通無有不可窮至柔不可折以此推之故知無爲之有益也

不言之教

河曰法道不言師之以身

無爲之益

河曰法道無爲治身則有益精神治國則

有益萬民不勞煩也

天下希及之

明皇曰言天下衆教少能反之者○河曰天下謂人主也希能及道無爲之治身治國也○雱曰不言之教無爲之益不可以象告不可以言傳唯體無盡道者足以知之不亦希乎

名與身章第四十四

名與身孰親

明皇曰名者實之賓代人徇名以亡身設

問誰親欲令去功與名而全其眞○河曰
名遂則身退也○弼曰尚名好高其身必

䟽

身與貨孰多

明皇曰徇名者將以求財財得而亡身設

彝六 二十六

問孰多欲令擲玉毀珠以全其和○河曰
財多則害身也○弼曰貪貨無厭其身必
少○雱曰莊子云足乎內外之分辨乎榮
辱之境余嘗有言內外兩境雖眞僞不侔
貴賤懸絕而常更相爲輕重不可不察者

也失性之人忘其不貲之有而貪逐外物矜攬無窮自以爲得而不知所取者塵穢臭腐非可已畜之物而所耗失沉陷者乃吾之所以爲我者也其爲親踈多寡之計亦已愚甚可不哀乎蓋知無待於外而唯内之務始可與語道故顔子之賢而孔子之所稱乃在乎樂陋巷之簞瓢然則君子之所養蓋可知矣今之士非乏聰明之資而志徇其外外重而内輕察其天機已在肝膈之上面目之間去本遠矣而猶欲語

卷六第三十三

古人之至論則亦見其勞而無功也觀老子此言若將無謂而乃學者之至戒脩身之要務故余因廣其意而詳說之

得與亡孰病

明皇曰問得名貨與亡名貨孰者病其身

靡六 二十七

河曰好得利則病於行也○弼曰得多利而亡其身何者為病也○雱曰得則有有有所不足有而疲神耗精以守之其病大矣

是故甚愛必大費

河曰甚愛色費精神甚愛財遇禍患所愛者少所亡者多故言大費

多藏必厚亡

明皇曰甚愛名者必勞神非大費乎多財貨者必累身非厚亡乎○弼曰甚愛不與物通多藏不與物散求之者多攻之者衆爲物所病故大費厚亡也○雱曰此必至之理而世俗之所未悟

知足不辱

河曰知足之人絶利去欲不辱於身○雱

曰我貴在我何辱之有

知止不殆

河曰知可止則財利不累於身聲色不亂於耳目則身不危殆也○雱曰無求於外故常安也

可以長久

明皇曰知足者不甚愛知止者不多藏既無辱殆故可長久○河曰人能知止足則福禄在已治身者神不勞治國者民不擾故可長久

道德真經集註卷之六

卷六第三十五

道德眞經集註卷之七　靡七

明皇　河上公　王弼　王雱　註

大成若缺章第四十五

大成若缺

河曰謂道德大成之君若缺者滅名藏譽

如毀缺不備也

其用不弊

河曰其用心如是則無弊盡時○弼曰學行大成常如玷缺謙則受益故其材用無困弊之時○雱曰若缺者乃眞大成小成

子然成體所以於道爲不成莊子曰名成
者虧

大盈若沖

河曰謂道德大盈滿之君也如沖者貴不
敢驕也富不敢奢也

其用不窮

明皇曰祿位盈滿常若沖虛儉不傷財故
所用不窮匱○河曰其用心如是則無窮
盡時也○弼曰大盈充足隨物而與無所
愛矜故若沖也○雱曰盈則竭矣安得不

窮之用乎

大直若屈

明皇曰直而不回故若屈○河曰大直謂修道法度正直如一也如屈者不與俗人争如可屈折○弼曰隨物而直直不在一故若屈也○雱曰於理直者曲以應變不自有其直故莫見其直

大巧若拙

明皇曰巧不蕩於分外故若拙○河曰大巧謂多才術也亦不敢見其能○弼曰大

巧因自然以成器不造爲異端故若拙也雱曰傳物於自成則外無巧功而實至巧也刻雕衆形者非其驗乎

大辯若訥

明皇曰不飾小說故若訥○河曰大辯者智無疑如訥者口無辭○弼曰大辯因物而言已無所造故若訥也○雱曰巧諭諸物乃有辯名至理不繁故若訥也

躁勝寒

河曰勝極也春夏陽氣躁疾於上萬物盛

大極則寒寒則零落死亡也言人不當剛躁也

靜勝熱

河曰秋冬萬物靜於黄泉之下極則熱熱者生之源

清靜爲天下正

明皇曰於躁勝者則寒寒薄也於靜勝者則熱熱和也故若屈者大直清靜者爲正矣〇河曰能清靜則爲天下長持正則無終已時也〇弼曰躁然後能勝寒靜無爲

以勝熱以此推之則清靜爲天下正也靜則全物之眞躁則犯物之性故唯清靜乃得如上諸大也○雱曰躁者以末勝性靜者以本勝事以本勝事乃能如上諸大以末勝性則動皆小爾故知清靜爲至正也

天下有道章第四十六

天下有道

河曰謂人主有道也

却走馬以糞

明皇曰天下有道之主無爲化行既不貪

求故無交戰屏却走馬之事人得糞除田園○河曰糞者糞田也兵甲不用却走馬以治農田治身者却陽精以糞其身○弼曰天下有道知足知止無求於外各修其内而已故却走馬以治田糞也○雱曰以道治天下者物各遂其性故無戰逐之事而唯本業之脩也

天下無道

河曰謂人主無道也

戎馬生於郊

明皇曰天下無道之君縱欲攻取故兵戎士馬寄生於郊境之上矣○河曰戰伐不止戎馬生於郊境之上久不還也○弼曰貪欲無厭不修其内各求於外故戎馬生於郊也○雱曰郊近邑之地

罪莫大於可欲

明皇曰心見可欲爲罪大矣○河曰好淫色也○雱曰可欲者善也善名既立則離道已遠爭端起矣故雖無罪而罪實在焉

禍莫大於不知足

明皇曰求取不已爲禍大矣○雱曰外求無厭失性生禍

咎莫大於欲得

明皇曰災咎之大莫大於欲所欲必令皆得皆得則禍深故云咎也○河曰欲得人物利且貪也○雱曰各求其得則必獲咎於衆

故知足之足

河曰守眞根也

常足矣

明皇曰物足者非知足心足者乃知足心若知足此足則常足矣○河曰無欲心也雱曰各盡其性分則何不足之有

不出户章第四十七

不出户知天下

河曰聖人不出户以知天下者以己身知人身以己家知人家所以見天下也

不窺牖見天道

明皇曰垂拱無爲不出教令於户外是知理天下之道人事和則天象順故不煩窺

牖而天道可知○河曰天道與人道同天人相通精氣相貫人君清靜天氣自正人君多欲天氣煩濁吉凶利害皆由於己○弼曰事有宗而物有主途雖殊而其歸同也慮雖百而其致一也道有大常理有大致執古之道可以御今雖處於今可以知古始故不出户窺牖而可知也○雱曰天下之衆天道之微其要同於性今之極唯盡性者膠目塞耳而無所不達苟唯見而後識識而後知者是得其萬殊之形而昧

麻七　五

於一致之理然則所謂識知者乃耳目之末用而非心術之要妙矣彼自謂博而不知其寡之至也彼自謂智而不知其愚之極也

其出彌遠其知彌少

明皇曰若不能無爲假使出令彌遠其知理天下之道彌少○河曰謂去其家觀人家去其身觀人身所觀益遠所見益少也弼曰無在於一而求之於衆也道視之不可見聽之不可聞搏之不可得去其知之

不須出户若其不知出愈遠愈迷也○雱曰無極之理盡於一塵纖慮不萌萬緣已現學道之要豈不在茲而彼乃遠出以求亦已眛矣彌遠彌少不其然歟

是以聖人不行而知

明皇曰不出户故云不行無爲淳樸而知爲理之道○河曰聖人不上天不入淵能知天地以心知之

不見而名

明皇曰不窺牖故云不見人和天順故能

名其太平○河曰上好道下好德上好武下好力聖人原小知大察內知外○弼曰得物之致故雖不行而慮可知也識物之宗故雖不見而是非之理可得而名也○雱曰窮理知本之人已足與於此若夫體盡無窮無所不極者其視四表洞徹無礙萬殊之變不離目前則又妙矣此何足言耶

不爲而成

明皇曰不爲言教而天下化成○河曰上

無所爲則下無事家給人足萬物自化就也○弼曰明物之性因之而已故雖不爲而使之成矣○雱曰天何言哉四時行焉百物生焉體道者天而已矣

爲學日益章第四十八

爲學日益

河曰學謂政教禮樂之學也日益者情欲文飾日以益多○弼曰務欲進其所能益其所習○雱曰方其窮理之時物物而通之凡以求吾真非以爲博也故曰益而無

害至乎窮理已上則以損爲益矣

爲道日損

明皇曰爲學者日益見聞爲道者日損功行益見聞爲修學之漸損功行爲悟道之門是故因益以積功忘功而體道矣○河曰道謂自然之道也日損者情欲文飾日以消損○弼曰務欲反虚無也○雱曰見理之後物物知非不期乎損而所有漸銷矣觀乎天道則益損相生亦恒物之大情也

損之又損

河曰損情欲又損之所以漸去〇雱曰極乎至虛而虛尚非有則其損可知

以至於無爲

河曰當恬淡如嬰兒無所造爲也

無爲而無不爲

明皇曰爲學者積功行爲道者忘損之雖損功行尚有欲損之心兼忘此心則至於泊然無爲方彼鏡象而無不應故無不爲也〇河曰情欲斷絶德與道合則無所不

施無所不爲也○弼曰有爲則有所失故無爲乃無所不爲也○雱曰唯體盡空虛者唯能滋發萬化而酬酢不窮豈若一偏之士滯乎幽寂植若槁木者哉

故取天下者常以無事

明皇曰無爲無事天下歸懷治天下常當以無事不當煩勞也○弼曰動常因也○雱曰無事之處乃聖人之眞應時有爲道則虧矣故聖人雖有有爲之迹而所以聖而能服天下者常在於無事之處

及其有事

弼曰自已造也

不足以取天下

明皇曰有事則煩勞煩勞則凋弊故不足以取天下○河曰及其好有事則政教煩

民不安故不足以治天下也○弼曰失統本也○雱曰有事則有心有心則民亦有其心雖欲取之其去遠矣原此篇蓋無事者道德之極致爲天下者事業之極致學而日損以至於無爲故能與於此

聖人無常心章第四十九

聖人無常心

河曰聖人重改更貴因循若自無心

以百姓心爲心

明皇曰聖人之心物感而應應在於感故無常心心雖無常常在化善是常以化百姓心爲心○河曰百姓心之所便因而從心○弼曰動常因也○雱曰聖人寂然盡性體盡真空凡所思爲應物而有譬如火性周乎無方因陽遂而爲用故能不持一

物而贍足無窮也書曰自我民聰明

善者吾亦善之

河曰百姓爲善聖人因而善之

不善者吾亦善之

河曰百姓雖有不善者聖人化之使善也

弼曰各因其用則善不失也○雱曰善惡生乎妄見妄見生乎自私公於大道則跸目覩善惡而心無殊想矣故聖人因世之情强立毁譽而心知善惡本自非相故不善之善非憐而怒之乃不覺有異也

得善矣

河曰百姓德化聖人爲善○弼曰無棄人也○雱曰忘善惡之善眞善也

信者吾信之

河曰百姓爲信聖人因而信之

不信者吾亦信之

河曰百姓爲不信聖人化之使信也○雱曰萬法雖殊等爲實相信與不信生乎自私

得信矣

明皇曰欲善信者吾因而善信之不善信者吾亦以善信教之令百姓感吾德而善信之○河曰百姓德化聖人爲信○雱曰知一切相無非妄者故能視不善猶善知一切相無非實者故能視不信猶信當妄知實當實知妄此聖智所以異於衆人

聖人之在天下慄慄

明皇本作慄慄弼本作歙歙○河曰聖人在天下怵怵常恐怖富貴不敢驕奢

爲天下渾心

明皇曰聖人在理天下化引百姓常惵惵用心今德善信而聖心凝寂德照圓明渾同用心皆爲天下故爲天下渾其心○河曰言聖人爲天下百姓渾濁其心若愚闇不通也○雱曰惵惵恐懼之意聖人雖體盡空虛不立一物而及其應世未嘗不隨時齋戒蓋有而爲之則雖聖不敢易也聖人以天下爲心所以建立萬法天下以聖人爲心所以歸復大道心者能覺知分別而聖人務使人復於無知故曰渾心也一

本惵惵作歙歙歙歙収歛之意亦通一本

作渾其心

百姓皆注其耳目

明皇曰百姓化聖德爲善故傾注耳目以觀聽聖人○河曰注用也百姓皆用其耳目爲聖人視聽也○弼曰各用聰明○雱曰仰而法之

聖人皆孩之

明皇曰聖人念彼蒼生猶如慈母故凡視百姓皆如嬰孩○河曰聖人愛念百姓如

嬰孩赤子長養之而不責望其報○弼曰皆使和而無欲如嬰兒也夫天地設位聖人成能人謀鬼謀百姓與能能者與之資者取之能大則大資貴則貴物有其宗事有其主如此則可冕旒垂目而不懼於欺

黈纊塞耳而無慼於慢又何爲勞一身之聰明以察百姓之情哉夫以明察物物亦競以其明應之以不信察物物亦競以不信應之夫天下之心不必同其所應不敢異則莫肯用其情矣甚矣害之大也莫大

於用其明矣夫在智則人與之訟在力則人與之爭智不出於人而立乎訟地則窮矣力不出於人而立乎爭地則危矣未有能使人無用智者未有能使人無用其智力於己者也如此則己以一敵人而人以千萬敵己也若乃多其法網煩其刑罰塞其徑路攻其幽宅則萬物失其自然百姓喪其手足鳥亂於上魚亂於下是以聖人之於天下歙歙焉心無所主也爲天下渾心焉意無所適莫也無所察察焉百姓何避

無所求焉百姓何應無避無應則莫不用其情矣人無爲舍其所能而爲其所否能舍其所長而爲其所短如此則言者言其所知行者行其所能百姓各皆注其耳目焉吾皆孩之而已○雱曰無知之民動皆非理聖人憐而誘之如父母於赤子恂恂然適其志氣而無忿疾之心非夫體道忘物而仁侔天地者其孰能如此

出生入死章第五十

出生入死

明皇曰了悟則出生迷執則入死此標也河曰出生謂情欲出五内魂定魄靜故生入死謂情欲入於胷臆精神勞惑故死○弼曰出生地入死地○雱曰由陰陽之機而為所遷者莫不然由妄有其生故也

靡七　十二

生之徒十有三死之徒十有三

明皇曰汎論衆生當生安生得生理處死順死得死理如此者大汎十中有三爾○河曰言生死之類各有十三謂九竅四關也其生也目不妄視耳不妄聽鼻不妄香

㒵口不妄言舌不妄味手不妄持足不妄行精不妄搖於其死也反是○雱曰天下之爲道術者或見乎陽之動而憑其強陽或見乎陰之靜而止乎枯槁皆非道德之正而與死生爲徒者也

人之生動之死地亦十有三

明皇曰徇生太厚以養傷生既心矜此生故動徃死地此則生理既失死理亦虧如此之輩亦十中有三人爾○河曰人之求生動作反之十三死地○雱曰貪生失理

故動皆傷性蓋天下除無知常民之外或徇道而爲道術或徇欲而爲咎惡皆由有其生而自生故不免於死生也

夫何故

河曰問何故動之死地也

釋七 十三

以其生生之厚

明皇曰設問所以動之死地夫緣何故但以其求生此生太厚之故也○河曰所以動之死地者以其求生活之事太厚違道忤天妄行失紀○雱曰至人不知死不知

生故亦莫能死亦莫能生故曰未嘗死未嘗生也彼偏乎陰陽而與生死爲徒者及徇欲爲咎動之死地者凡是三類所見則殊而原其所以迷大道之至正而不免於生死者猶妄有其生而矜生過厚故耳或曰彼爲道而至乎枯槁者豈生生之厚乎曰吾之所以爲我不死不生湛爾常一唯當息妄而彼乃執其所見更爲枯槁故雖志趨空寂而據其此志則是有我之尤者也

蓋聞善攝生者

河曰攝養也

陸行不遇兕虎

河曰自然遠避害不干也

入軍不被甲兵

河曰不好戰以殺人

兕無所投其角虎無所措其爪兵無所容其刃

明皇曰善攝衛生理之人心照清靜無安爲之意則凡是外物不可加害陸行不求

○遇兕虎入軍不被帶甲兵此不求害物也○
則物無害心故無投角措爪容刃之所也
河曰養生之人虎兕無由傷兵刃無從加
之也

夫何故

河曰問虎兕犛七兵甲何故不害之十四

以其無死地

明皇曰夫何故兕虎甲兵無容措之所乎
以其順化無私不以死爲死則物不得害
其生故云無死地也○河曰以其不犯十

三之死地言神明營護之此物不敢害○弼曰十有三猶云十分有三分取其生道全生之極十分有三耳取死之道全死之極十分亦有三耳而民生生之厚更之無生之地焉善攝生者無以生爲生故無死地也器之害者莫甚乎戈兵獸之害者莫甚乎兕虎而令兵戈無所容其鋒刃虎兕無所措其爪角斯誠不以欲累其身者也向死地之有乎夫蚖蟺以淵爲淺而鑿穴其中鷹鸇以山爲卑而增巢其上矰繳不

能及網罟不能到可謂處於無死地矣然而卒以甘餌乃入於無生之地豈弗生生之厚乎故物苟不以求離其本不以欲渝其眞雖入軍而不害陸行而不可犯也赤子之可則而貴信矣○雱曰無死地者由其無生彼無生者湛然常生而不自生故未嘗死未嘗生道至乎此則雖其形有禪而神未嘗變安得死乎此中國之神聖而西方之佛也若然者變化無常水火不能焦濡斫撻不能創病乘虛觸實徃無不通

則物欲有之而不得況能傷之哉或曰然則何以謂之攝生曰降此一等便爲死生所有故攝生必至於此然後生常存也是比於含德之厚者又爲至矣

道生之章第五十一

道生之

明皇曰妙本動用降和氣○河曰道生萬物

德畜之

明皇曰物得以生養萬類○河曰德一也

一生布氣而畜養物形之

明皇曰乾知坤作兆形位○河曰一爲萬物設形象也

勢成之

明皇曰寒暑之勢各成遂○河曰一爲萬物作寒暑之勢以成之○弼曰物生而後畜畜而後形形而後成何由而生道也何得而畜德也何由而形物也何使而成勢也唯因也故能無物而不形唯勢也故能

無物而不成凡物之所以生功之所以成皆有所由則莫不由乎道也故推而極之亦志道也隨其所因故各有道焉○雱曰此四者皆道也以其各得其道故但爲德爲德則畜之而已然畜之所以爲德也及

乎得其得而成形則物而已矣物有其形則遠近相取剛柔相交各因其勢而成狀故德者道之分物者德之器勢者物之理明乎道德則形勢不足知而應酢無難矣

是以萬物莫不尊道而貴德

明皇曰萬物由道德以生畜故尊貴之○河曰道德所爲無不盡驚動而尊教○弼曰道者物之所由也德者物所得也由之乃得故不得不失尊之則害不得不貴也雱曰道尊而德卑德貴而物賤尊者如君父貴者如金玉此尊貴之異也

道之尊德之貴夫莫之爵而常自然

明皇王弼二本命並作爵○明皇曰言道德之尊貴非假爵命但生成之功被物而常自然貴爾○河曰道一不命召萬物而

常自然應之如影響○雱曰命於天則為天子命於天子則為諸侯有所受命則出命者能賤之矣唯道萬物之先而制其命孰能假之故常自然也

故道生之德畜之長之育之成之熟之養之覆之

明皇曰是以莫不尊道而貴德○河曰道之於萬物非但生之而已乃復長養成熟覆育全其性命人君治國治身亦當如是也○弼曰謂成其質各得其庇蔭不傷其

體矣○雱曰一本云德畜之

生而不有

河曰道生萬物不有所取以爲利也

爲而不恃

河曰道所施爲不恃望其報也○弼曰爲

而不有

長而不宰

河曰道長養萬物不宰割以爲利用也

是謂玄德

明皇曰具如載營魄章所釋彼章言人修

如道此章明道用同人○河曰道之所行恩德玄暗不可得見○弼曰有德而不知其主也出乎幽冥故謂之玄德也○雱曰道以不生故能生生及其生生亦德而已

天下有始章第五十二

天下有始以爲天下母

明皇曰始者沖氣也言此妙氣生成萬物有茂養之德故可爲天下母○河曰始有道也道爲天下萬物母也○弼曰善始之則善養畜之矣故天下有始則可以爲天

下母矣○雱曰有名萬物之母則道是也始與母本同一體當其生生故但謂之母

既得其母以知其子

明皇曰萬物既得沖氣茂養以知其身即是沖氣之子○河曰子一也既知道已當復知一也○雱曰萬物由道以出道爲之母故謂之子得道則萬物之理不待識而知

既知其子復守其母

河曰已知一當復守道反無爲○雱曰至

道德真經集註

人雖殫窮物理而知理無實相故雖知之而不逐理而離道故曰復守其母也

沒身不殆

明皇曰既知身是沖氣之子當守此沖和妙氣不令離散則終沒其身長無危殆○河曰不危殆也○弼曰母本也子末也得本以知末不舍本以逐末也○雱曰夫見理之後逐理不返則妄作爲凶失道遠矣故知子守母乃常不殆也故下文云

塞其兊

河曰兑目也目不妄視也

閉其門

河曰門口也使口不妄言○弼曰兑事欲之所由生門事欲之所由從也○雱曰兑悦也人悦則形開故爲兑兑則物入之矣

夫所以悦而至於形開者何也由不守其道而妄物理之美故悦而隨之以出也門者精神所出也外見諸理形開以受之而復出精神與之爲精則擾擾萬緒自此始矣故當塞兑閉門常守其母也

終身不勤

明皇曰兌愛悅也目悅色耳悅聲六根各有所悅縱則生患是故塞之不縱六根愛悅則禍患之門閉矣故終身不勤勞矣○河曰人當塞目不妄視閉口不妄言則終身不勤矣○弼曰無事永逸故終身不勤也○雱曰塞兌閉門以外應物則酬酢萬變而用常有餘

開其兌

河曰開目視情欲也

濟其事

河曰濟益也益情欲之事

終身不救

明皇曰開張六根縱其視聽以成濟其愛恱之事則常有禍患故終身不救○河曰禍亂成也○弼曰不閉其原而濟其事故雖終身不救○雱曰兊開物入而復費神用以濟其事則以内徇外逐物往矣一溺此流誰能救之哉

見小曰明

明皇曰人能於事微小則見而改行可謂明矣○河曰萌牙未動禍亂未見爲小昭然獨見爲明○雱曰守道則其見者微逐理則所知者博

守柔曰强

明皇曰守柔弱則人不能加可謂强矣○河曰守柔弱日以强大也○弼曰爲治之功不在大見大不明見小乃明守强不强守柔乃强也○雱曰柔者本也憑强陽以爲强則逐物而不返唯守柔故勝物而不

傷

用其光

河曰用其目光於外視時出之利害○弼曰顯道以去民

復歸其明

明皇曰見小則明守柔則强若矜明用强将失守柔見小之義故當用光外照復歸守内明則長無患累矣○河曰復當反其光明於内無使精神泄也○弼曰不明察也○雱曰聖人之光則火性是也火性周

乎虛空而光託薪以爲體照用既罷還歸於空初不自明因薪示明而已聖人之光由物顯照物既無常照亦隨已故雖應酢無窮而初不費我也非天下之至神其孰能與於此

無遺身殃

河曰内視存神不爲漏失

是謂襲常

明皇曰遺與也言還守内明則無與身爲殃咎者如此是謂密用真常之道○河曰

人能行此是謂習修常道也○弼曰道之常也○雱曰儻有其明則是有我相我相旣立物物爲殃故能明上文所謂乃終無殃也外此道者皆生滅法唯體此義乃始常住襲者體之而自不顯之謂也

道德真經集註卷之七

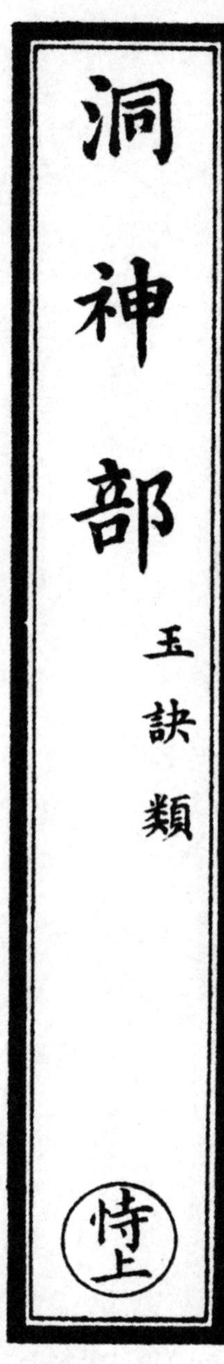
洞神部
玉訣類
侍上

道德真經集註卷之九

恃二

中華民國十三年八月上海涵芬樓影印

道德眞經集註卷之八

明皇　河上公　王弼　王雱　註

使我介然章第五十三

使我介然有知行於大道

河曰介大也老子疾時王不行大道故設此言使我介然有知於政事我則行於大道躬無爲之化

唯施是畏

明皇曰老君言若使我耿介然矜其有知欲行大道既與道不合故唯所施爲是皆

可畏○河曰唯獨也獨畏有所施爲失道意欲賞善恐僞善生欲信忠恐詐忠起○弼曰言若使我可介然有知行大道於天下唯施爲是畏也○雱曰小有知於道而由大道以行者已憚於施設矣況大有知者乎何則至人之道不以末傷本者也施爲盛於外則根本虛於內矣故終篇云

大道甚夷

河曰夷平易也

而民好徑

明皇曰大道平易是畏有知而人多故欲心求捷如彼行人好從邪徑邪徑之弊具如下文○河曰徑邪不平正也大道甚平易而民好從邪徑也○弼曰言大道蕩然正平而民猶尚舍之而不由好從邪徑況復施爲以塞大道之中乎故曰大道甚夷而民好徑○雱曰徑苟一時之速明迷於大道而好施者皆由用近智而無遠圖也

朝甚除

明皇曰尚賢矜智生巧僞除理也○河曰

○高臺榭宮室修○弼曰朝宮室也除潔好○也

田甚蕪

明皇曰浮食惰業廢農事○河曰農事廢不耕治

倉甚虛

明皇曰南畝不收無儲積○河曰五穀傷害國無儲也○弼曰朝甚除則田甚蕪倉甚虛矣設一而衆害生也○雱曰田事治倉積實國之本也今務除其朝廷以爲一

道德真經集註

時之榮觀而不恤根本之已竭豈持久之道乎明以末傷本者皆然也

服文綵

明皇曰刻雕綺繡害工利○河曰好飾僞貴外華

帶利劒

明皇曰文德不修尚武備○河曰尚剛强武且奢

厭飲食

明皇曰烹肥擊鮮重滋味厭飫足也

資財有餘
明皇曰聚歛積實饒珍異○河曰多嗜欲無定時○雱曰侈費於外以取一時之適而忘本業此明好施以傷本者一本作貨財

是謂盜誇
河曰百姓不足而君有餘者是由劫盜以爲服飾持行誇人不知身死家破親戚并隨也

非道也哉

明皇曰矜其有知動以成弊行同盜竊仍自矜誇誇盜非道適令興歎也哉哉者歎辭也○河曰人君所行如是此非道也復言也哉者痛傷之辭○弼曰凡物不以其道得之則皆邪也邪則盜也誇而不以其道得之盜誇也貴而不以其道得之竊位也故舉非道以明非道則皆盜誇也○雱曰盜者偷瑣刻之榮誇者矜身外之飾爲道者深根固本用之不窮豈務施以徇外哉

善建不拔章第五十四

善建者不拔

明皇曰善能以道建國立本者不可傾拔也○河曰建立也善以道立身立國者不可得引而拔也○弼曰固其根而後營其末故不拔也○雱曰建中也

善抱者不脱

明皇曰善能以道懷抱百姓者不可脱離

河曰善以道抱精神者終不可拔引解脱

弼曰不貪於多齊其所能故不脱也○雱

曰抱一也

子孫以祭祀不輟

明皇曰言善以道德建抱之君功施於後愛其甘棠況其子孫乎而王者祖有功宗有德故周之興也起於后稷成於文武周之祭也郊祀后稷宗祀文王故雖卜代三十卜年七百而后稷文王郊宗之祀不輟止也○河曰爲人子孫能修道如是長生不死世世以久祭祀先祖宗廟無絶時○弼曰子孫傳此道以祭祀則不輟也○雱

○曰聖人修己治人要在乎建中抱一此萬法之極致天地有終而不可易者也故能貽法無窮功被四海而天人歸德澤及苗裔也一本無以字

修之身其德乃眞

明皇曰修道於身德乃眞純○河曰修道於身愛氣養神益壽延年其德如是乃爲眞人

修之家其德乃餘

明皇曰一家盡修德乃餘美○河曰修道

於家父慈子孝兄友弟順夫信妻貞其德如是乃有餘慶及於來世子孫○弼曰以身及人也修之身則眞修之家則有餘修之不廢所施博大

修之鄉其德乃長

明皇曰一鄉盡修德乃長久○河曰修道於鄉尊敬長老愛養幼少教誨愚鄙其德如是乃無不覆及也

修之國其德乃豐

明皇曰一國盡修德乃豐盈○河曰修道

於國則君信臣忠仁義自生禮樂自興政平無私其德如是乃為人厚也

修之天下其德乃普

明皇曰若天下盡修其德施乃周普矣○河曰人主修道於天下不言而化不教而治下之應上信如影響其德如是乃為普博○雱曰因修身之法而推之以及其外餘而後長長而後豐豐而後普

故以身觀身

明皇曰以修身之法觀身能清靜者眞○

河曰以修道之身觀不修道之身孰亡孰存也

以家觀家

明皇曰以修家之法觀家能和睦者有餘

河曰以修道之家觀不修道之家也

以鄉觀鄉

明皇曰以修鄉之法觀鄉能順序者乃長

河曰以修道之鄉觀不修道之鄉也

以國觀國

明皇曰以修國之法觀國能勤儉者乃豐

河曰以修道之國觀不修道之國也○弼曰彼皆然也

以天下觀天下

明皇曰以修天下之法觀天下能無爲者乃普○河曰以修道之主觀不修道之主也○弼曰以天下百姓心觀天下之道也天下之道逆順吉凶亦皆如人之道也○雱曰聖人之於有物也盡理之極而不容私智故無不克也故修身則法一身之理盡一身之理則身治矣自此以往施一家

則一家以爲心治一鄉則一鄉以爲法夫然故所遇彌廣而彌有餘也書曰天聰明自我民聰明聖人天而已矣

吾何以知天下之然哉以此

明皇曰以此觀身等觀之則可以爾○河曰老子言吾何以知天下修道者昌背道者亡以此五事觀而知之○弼曰此上之所云也言吾何以得知天下乎察己以知之不求於外也所謂不出户以知天下者也○雱曰聖人所守一道更無異説故其

所以爲所以知皆由此道也

含德之厚章第五十五

含德之厚

河曰謂含懷道德之厚者

比於赤子

明皇曰至人含懷道德之厚者其行比於赤子○河曰神明保祐含德之人若父母之於赤子也○雱曰德性未嘗不厚而必至於薄者欲慮使然也故全其天眞而不以外耗內則淳氣中積而人道充至可名

於大矣然則足以馴虎豹服鬼神無足怪也或曰赤子何以不能曰夫淳氣之守豈一身之所能末世之俗雖有赤子之形而原其失眞蓋巳久矣世何足以知此哉

毒蟲不螫

河曰蜂蠆蛇虺不螫

猛獸不據攫鳥不搏

明皇曰至人神矣物不能傷既無害物之心故無螫搏之地此至人之含德也○河曰赤子不害於物物亦不害之故太平之

世人無貴賤皆有仁心有刺之物還反其本有毒之蟲不傷於人○弼曰赤子無求無欲不犯衆物故毒螫之物無犯於人也含德之厚者不犯於物故無物以損其全也○雱曰淳氣之守足以爲此竊嘗論之萬物所以相傷者氣有所受也人爲萬物貴所稟至和而或見侵於物者失其常故也故陰陽以沖氣爲和夫唯守眞氣之沖和則物豈能傷之哉然猶大人之德耳未聖也

骨弱筋柔而握固

河曰赤子筋骨柔弱而持物堅固以其意心不移也○弼曰以柔弱之故故握能堅固

未知牝牡之合而峻作

弼曰作長也無物以損其身故能全長也言含德之厚者無物可以損其德渝其真柔弱不爭而不摧折皆若此也

精之至也

河曰赤子未知男女之合會而陰作怒者

由精氣多之所致也○雱曰非有慕好於外而峻作則是順其氣之自運而不以心者也若夫目營於外而心佚於內則精喪而死矣安能久乎舉世之大患莫大於此而學者之至戒也峻一作全

終日號而嗌不嗄

弼本嗄作噫○弼曰無爭欲之心故終日出聲而不噫也

和之至也

明皇曰赤子骨弱筋柔而能握拳牢固未

知陰陽配合而含氣之源動作者猶精粹之至終日啼號而聲不嘶嗄猶純和之至此赤子之全和也○河曰赤子從朝至暮啼號聲不變易者和氣多之所致○雱曰孟子曰以直養而無害則塞乎天地之間此則和氣也在彼則稱其浩在此則稱其和所稱則異而氣一也故心氣交使迷理失常以至於斃者豈其稟或殊哉持之非其道耳全德之人雖形與物接而心常泊然故雖用氣而氣自動耳故但動而無動

之累然則其淳氣之守孰能擾之哉故雖年躋壯老而不失其赤子之常廣成子修身千二百歲而形不衰者如斯而已嗄之爲言夏也夏者天和發散之時嗌之嗄者和氣不積故也一本作噫散噫氣之噫噫信也亦通

知和曰常

明皇曰能如嬰兒固守和柔是謂知常之行○河曰人能知和氣之柔弱有益於人者則爲知道之常也○弼曰物以和爲常

故知和則得常也○雱曰復命之常體神也知和之常守氣也知守氣則可以言復命矣未至乎復命也此兩者聖之所以聖賢之所以賢更無它道古之學者一出乎此大道既隱士逐末而不知本學始有外此者矣常者性有定分能盡其性則自別於物而物莫能遷故曰常蓋自性分之外一皆蠱僞無有常者

知常曰明

明皇曰守和知常是曰明了○河曰人能

知道之常行則曰以明達於玄妙也○弼曰不皦不昧不溫不涼此常也無形不可得而見曰明也○雱曰不知常之人雖有察物之小智而闇於大本矣可謂明乎

益生曰祥

明皇曰祥者吉凶之兆言人不知守常而求益生越分動之死地是曰凶祥○河曰祥長也言益生欲自生日以長大○弼曰生不可益益之則妖也○雱曰生理至足無欠無餘以直養之則亦至矣從而增焉

秪以爲贅祥非常之事也

心使氣曰强

明皇曰心有是非氣無分別若役心使氣是曰强梁之人○河曰心當專一和柔而氣實内故形柔而反使妄有所爲和氣去於中故形體自以剛强也○弼曰心宜無有使氣則强○雱曰有心以使氣則氣復使心心氣交使則天和彫喪損其眞矣人所受者不可益損故增生損氣俱爲失理孟子有揠苗不芸之戒而老子有益生使

氣之説凡以全其淳氣而已此强非自勝之强强梁之强也

物壯則老

河曰萬物壯極則枯老也

是謂不道

河曰老不得道◯雱曰人之有壯老者形也若夫定分則常而不遷矣失性之人形化而心興之變故壯則血氣充溢而老則精神衰憊唯含德之厚者不然吾心未嘗移則氣亦有常而不變故雖外有壯老而

心不興乎赤子之時此有道者也凡易於歲時而隨壯老以化者物而已矣豈道也哉

不道早已

明皇曰凡物壯極則衰老故戒云矜壯恃强謂不合於道當須早已◎河曰不得道者早已死也◎雱曰不道之人雖其少時已失生理故曰早已

知者不言章第五十六

知者不言

○河曰知者貴行不貴言也○弼曰因自然也○雱曰理極於無言

言者不知

明皇曰知了悟也言辯説也○河曰駟不及舌多言多患○弼曰造事端也○雱曰惟其有言已非知理

塞其兑

明皇曰了悟者於法無愛染於言無執滯故云塞其兑○雱曰其神無郤

閉其門

明皇曰既無愛染則嗜欲之門閉矣○河曰塞閉之者欲絶其源

挫其鋭

河曰情欲有所鋭爲當念道無爲以挫止之○弼曰含守質也

解其紛

河曰紛結恨不休當念道無爲以釋之○弼曰除爭原也

和其光

河曰雖有獨見之明當和之使闇昧不使

曜亂○弼曰無所特顯則物物無偏爭也○

同其塵

河曰不當自別殊也○弼曰無所特賤則物物無偏耻也○雱曰真知者其處已如此

是謂玄同

明皇曰解具如道沖章彼則約道此則約人言人能體道是謂與玄同德也○河曰玄天也人能行此上事是謂與天同道也雱曰道至於玄而物我爲一者不立已以

敵物故物不得而有之

故不可得而親

明皇曰玄同無私故不可得而親○河曰不以榮譽爲樂獨立爲哀

不可得而踈

情一 十三

明皇曰汎然和衆故不可得而踈○河曰志靜無欲與人無怨○弼曰可得而親則可得而踈也

不可得而利

明皇曰無欲故不可得而利○河曰身不

欲富貴口不欲五味

不可得而害

明皇曰不爭故不可得而害○河曰不與貪爭利不與勇爭氣○弼曰可得而利則可得而害也

不可得而貴

明皇曰體道自然故不可得而貴○河曰不爲亂世主不處闇君位

亦不可得而賤

明皇曰洸然無滓故不可得而賤○河曰

不以乘權故驕不以失志故屈○弼曰可得而貴則可得而賤也

故爲天下貴

明皇曰體了無滯言忘理暢銳紛盡解光塵亦同既難親踈不可貴賤故爲天下至貴矣○河曰其德如此天子不得臣諸侯不得屈與世沉浮容身避害故爲天下貴也○弼曰無物可以加之者○雱曰不言者非密而不言誠無所事言何則不見一法故也不見一法故物物而不物於物況

可得而親踈貴賤者物而已矣彼物物而不物於物故莫之爵而常貴也

以正治國章第五十七

以正治國

河曰以至也天使正身之人使至有國也

雱曰治國在乎盡道之正而已無容私智

以奇用兵

河曰奇詐也天使詐僞之人使用兵也○

雱曰兵非有道之器而聖人所不能無但不以爲常故曰以奇用也

以無事取天下

明皇曰在宥天下貴乎無若以政教理國奇詐用兵斯皆不合於道唯無事無爲可以取天下此三句標也○河曰以無事無爲之人使取天下爲之主○弼曰以道治國則國平以正治國則奇兵起也以無事則能取天下也上章云其取天下者常以無事及其有事不足以取天下也故以正治國則不足以取天下而以奇用兵也夫以道治國崇本以息末以正治國立辟以

攻末本不立而末淺民無所及故必至於奇用兵也○雱曰以正治國則天下自服奚以有事爲哉蓋天下神器唯無爲者能有之故下云

吾何以知其然哉以此

明皇曰以此（侍一）下知之○河曰此（十五）今也老子言我何以知天意然哉以今日所見知之也

夫天下多忌諱而民彌貧

明皇曰以政理國動多忌諱人失作業政

令彌貧○河曰天下謂人主也忌諱者防禁也令煩則姦生禁多則下作相殆故貧弼曰事爲之禁則民擾而失業故貧也此亂之所始

民多利器國家滋昏

明皇曰利器謂權謀人主以權謀爲多不能反實下則應之以詐譎故令國家滋益昏亂○河曰利器者權也民多權則視者眇於目聽者惑於耳上下不親故國家昏亂○弼曰利器凡所以利己之器也民强

則國家弱○雱曰有利器則必有機心機心生則下難知故國家昬也

人多伎巧奇物滋起

明皇曰人主以伎巧爲多不能見素下則應之以奢泰故令淫奇之物滋起也○河曰人謂人君百里諸侯也多知伎巧謂刻畫宮觀雕琢服章奇物滋起下則化上飾金鐵玉文繡綵色日以滋甚○弼曰民多智慧則巧僞生巧僞生則邪事起○雱曰古初之民器用鄙朴下逮末俗製作彌精

巧思日生風俗愈弊非常之事由此滋多

一本利作伎

法令滋彰盜賊多有

明皇王弼二本物作令○明皇曰無爲既失法令益明竊法爲其盡成盜賊豈非多有乎○河曰法物好物也珍好之物滋生彰著則農事廢飢寒並至故盜賊多有也弼曰立正欲以息邪而奇兵用多忌諱欲以耻貧而民彌貧利器欲以强國者也而國愈昏多皆舍本以治末故以致此也

故聖人云

河曰謂下事也

我無爲而民自化

河曰聖人言我修道承天無所改作而民自化成也○雱曰無爲則體常上體常則民亦體常故自化申上文利器之義

我好静而民自正

河曰聖人言我好静不言不教民皆自忠正也○雱曰好静則復性上復性則民亦復其性故自正申上文盜賊之義

我無事而民自富

河曰我無徭役徵召之事民安其業故皆自富○雱曰無爲好靜故能無所事而民遂其生夫豈多忌諱哉

我無欲而民自樸

明皇曰無爲則清靜故人自化無事則不擾故人自富好靜則得性故人自正無欲則全和故人自樸此無事取天下矣○河曰我常無欲去華文微服飾民則隨我爲質樸也○弼曰上之所欲民從之速也我

之所欲唯無欲而民亦無欲而自樸也此四者崇本以息末也○雱曰申上文奇物之義竊嘗論曰聖人之治也化之以無爲正之以好靜使各遂於富庶而要其終也復之樸而已夫然則豈有利器奇物而假法令以爲之制哉凡民之所以毀樸趨僞皆在於多欲也上誠無欲則民安得欲乎此帝皇之極致也一本自富在自正前

其政悶悶章第五十八

其政悶悶

河曰其政教寬大悶悶昧昧似若不明也

其民淳淳

明皇曰政教悶悶無爲寬大人則應之淳淳然而質樸矣○河曰政教寬大故民淳淳富厚相親睦也○弼曰言善治政者無形無名無事無正可舉悶悶然卒至於大治故曰其政悶悶也其民無所爭競寬大淳淳故曰其民淳淳也

其政察察

河曰其政教急疾言決於口聽決於耳也

雱曰察察治已甚也

其民缺缺

明皇曰政教察察有苛急人則應之缺然而凋弊矣○河曰政急民不聊生故缺缺曰以踈薄○弼曰立刑名明賞罰以檢姦僞故曰察察也殊類分析民懷爭競故曰其民缺缺○雱曰缺如器物破缺言不全也

禍兮福之所倚

河曰倚因也夫禍因福而生人遭禍而能

悔過責已修善行道則禍去而福來

福兮禍之所伏

河曰禍伏匿於福中人得福而為驕恣則福去禍來也

孰知其極

明皇曰倚因也伏藏也上言其政悶悶俗則以為無政理之體人反淳淳然而質樸此則禍為福之所因也其政察察而俗則以為有政理之術人乃缺缺然而凋弊此福為禍之所藏也○河曰禍福相生誰能

知其窮極時○雱曰萬物通乎一氣而一氣之運往而復返終則有初轉徙如流無有窮極故禍福相代如彼四時聖人唯知其然故事貴適中不爲已甚若夫察察之政欲崇正而禁奇止妖而興善以盡天下之福而不知奇正相生妖善迭化志欲爲福而不知福極爲禍故莊周寓言於才與不才之間然則推而爲政其亦在察與不察之間乎故曰其政悶悶蓋如上說則其於善惡是非若有所不辨是以小智覰之

意或不快也此句與荒兮未央之語同蓋彼齊唯阿此等禍福理皆一致

其無正邪

明皇王弼二本正下有邪字○河曰無不也謂人君不正其身其無國也○雱曰言誰知善治之極乎唯無正可舉無刑可名悶悶然而天下大化是其極也○雱曰大運不留當時者爲是欲定奇正而不知正不可常則可謂知乎雖然以爲無正者是以無正爲正者也邪者疑辭亦不定乎無

正也

正復爲奇

河曰奇詐也人君不正下雖正復化上爲詐也○弼曰以正治國則便復以奇用兵矣故正復爲奇

善復爲妖

明皇曰禍福之極豈無正邪但衆生迷執正者復以爲奇詐善者復以爲妖祥故禍福倚伏若無正爾○河曰善人皆復化上爲妖祥也○弼曰立善以和物則便復有

妖妖佞之患也

人之迷其日固久

明皇曰以正爲奇以善爲妖如此迷倒其爲日也固以久矣○河曰言人君迷惑失正以來其日已固久○弼曰言人之迷惑失道固久矣不可便正善治以責○雱曰民失其性而不冥夫道自有生以來蓋已如此非一日之積矣而爲政者方乃事其察察然而欲使天下畢協於吾一偏之正既爲不可而又不知其所謂正者未嘗正

也聖人則不然雖方廉且直以道德之光燭天下而體常混然不示人以迹故民得安常復樸而風俗淳淳也豈曰小補之哉

是以聖人方而不割

河曰聖人行方正者欲以率下不以割截人也○弼曰以方導物舍去其邪不以方割物所謂大方無隅○雱曰大方無隅言混然也若有割絶之迹則與物分界矣

廉而不劌

明皇王弼二本害作劌○河曰聖人廉清

欲以化民不以傷害人也今則不然正己以害人也○弼曰廉清廉也劌傷也以清廉清民令去其汚不以清廉劌傷於物也雱曰雖有廉隅不至於劌也一本劌作穢

非

直而不肆

河曰肆申也聖人雖直曲己從人不自申之也○弼曰以直導物令去其僻而不以直激沸於物也所謂大直若屈也○雱曰直而肆則有其直大直於理爲直而常委

曲以從理

光而不耀

明皇曰聖人善化不割彼而爲方不劌彼而爲廉不申彼而爲直不耀彼而爲光修之身而天下自化矣肆申也○河曰聖人雖有獨知之明常如暗昧不以耀亂人也弼曰以光鑒其所以迷不以光照求其隱匿也所謂明道若昧也此皆崇本以息末不攻而使復之也○雱曰光以爚物謂之耀和其光歸其明者豈耀以爚物哉

治人事天章第五十九

治人

河曰謂人君治理人民

事天

河曰事用也當用天道順四時

莫若嗇

明皇曰嗇愛也人君將欲治人事天之道莫若愛費使倉廩實人知禮節三時不害則天降之嘉祥人和可以理人天保可以事天矣○河曰嗇貪也治國者當愛民財

不爲奢泰治身者當愛精氣不放逸○弼曰莫如猶莫過也嗇農夫農人之治田務去其殊類歸於齊一也全其自然不急其荒病除其所以荒病上承於天命下綏百姓莫過於此○雱曰治人在乎正己事天在乎盡性此兩者一於嗇而已葆其精神不以外耗内者嗇也人之本真充塞六極無所不偏而終至於不足者侈有爲而輕自用故也唯嗇也故能全吾所受命於天而不多費於妄作然則性其有不盡者乎

已其有不正者乎孟子曰盡其心知其性所以事天也蓋全其初之所命則天心得矣人則與我同其所受者也我誠全則同者應矣其於治也何有哉

夫唯嗇是以早復

明皇曰何以聚人曰財故能儉愛則四方之人將襁負而至早服事其君矣服事也河曰早先也服德也夫獨愛民財愛精氣則能先得天道也○弼曰復常也○雱曰動極而靜則其復晚矣唯嗇者不侈於費

已其去本也未嘗遠故復靜爲早一本復作服非

早復謂之重積德

明皇曰夫能儉嗇以是有德人歸有德早事其君故云重積德○河曰光得大道是謂重積德於已也○弼曰唯重積德不欲銳速然後乃能使早復其常故曰早復謂之重積德者也○雱曰德不外耗則積於內矣積於內而資納無窮其爲積也積之又積者也

重積德則無不克

明皇曰聖人積德四海歸仁則無有不能制服者矣克能也○河曰克勝也重積德於已則無不勝○雱曰盡性之人蓋將生天生地宰制造化其於事物何所不能

無不克則莫知其極

明皇曰人君之德無有不能制御者則無遠不至故四方莫知其窮極也○河曰無不克勝則莫有知已德之窮極也○弼曰道無窮也○雱曰盡性則大矣大而化之

則聖矣化則無窮故莫知其極也

莫知其極可以有國

明皇曰莫知其窮極然後可以爲有國○河曰莫知己德有極則可以有社稷爲民致福○弼曰以有窮而莅國非能有國也雱曰聖人糠粃土苴足以陶鑄堯舜其於有國也何有

有國之母可以長久

明皇曰有國而茂養百姓者則其福祚可以長久矣○河曰國身同也母道也人能

保身中之道使精氣不勞五神不苦則可以長久○弼曰國之所以安謂之母重積德是唯圖其根然後營末乃得其終也○雱曰有國之母所以有國者也莫知其極者是

是謂深根固柢

河曰人能以氣爲根以精爲蔕如樹根不深則枝蔕不堅則落言當深藏其氣固守其精使無漏泄○雱曰人以性命爲根外乎此者枝葉也失性之人盛枝葉以傷根

根傷則精氣衰而蔕不固此所以早斃也夫唯嗇則不以外傷其根根深則蔕固蔕固則形連乎命而遲脱矣柢一本作蔕音義同

長生久視之道

明皇曰積德有國則根深而蔕固矣深固者是長生久視之道○河曰深根固蔕者乃長生久視之道○雱曰精神發見於目故人死則目瞑而無光能嗇以深根則蔕固而根深其視久矣

治大國章第六十

治大國若烹小鮮

明皇曰烹小鮮者不可撓理大國者不可煩煩則人勞撓則魚爛○河曰鮮魚烹小魚不去腸不去鱗不敢撓恐其糜也治國煩則下亂治身煩則精散○弼曰不擾也躁則多害靜則全眞故其國彌大而其主彌靜然後乃能廣感衆心矣○雱曰烹鮮之術唯待其自熟無所施其巧攪而擾之則潰矣治國之道亦然大國小鮮者明所

治雖大得其道則甚易爲也

以道莅天下者其鬼不神

明皇曰以道臨莅天下不求有妄之福故鬼無以見其神明○河曰以道德居位治天下則鬼不敢見其精神以犯人也○弼曰治大國則若烹小鮮以道莅天下則其鬼不神也○雱曰民不擾則得盡其性民盡其性則天地之和應而萬物無不遂矣故鬼亦安其處而不能爲神也人鬼殊道而每至於相干者陰陽之氣有盭而交失

其所故萬物得乘釁矣

非其鬼不神其神不傷人

明皇曰上言其鬼不神非謂鬼歇滅而無神但有其神而不見怪以傷人也○河曰其鬼非無精神也邪不入正不能傷自然之民○弼曰神不害自然也物守自然則神無所加神無加則不知神之爲神也

非其神不傷人聖人亦不傷人

明皇曰鬼見神怪則傷人聖人有爲則傷人今鬼所以不見神怪而傷人者蓋以聖

人無爲清靜故爾○河曰非鬼神不能傷害人以聖人在位不傷害人故鬼不敢干之也○弼曰道洽則神不傷人神不傷人則不知神之爲神道洽則聖人亦不傷人聖人不傷人則亦不知聖人之爲聖也猶云非獨不知神之爲神亦不知聖人之爲聖也夫恃威網以使物者治之衰也使不知神聖之爲神聖道之極也○雱曰雅聖人不傷人故天地之和應而人鬼各遂兩不相傷也

夫兩不相傷

河曰鬼與聖人俱兩不相傷也

故德交歸焉

明皇曰鬼神傷人則害國虧本聖人傷人則匱神之祀今兩不相傷物故德交歸焉

河曰夫兩不相傷人得治於陽鬼得治於陰人得全其性命鬼得保其精神故德交歸焉○弼曰神不傷人聖人亦不傷人聖人不傷人神亦不傷人故曰兩不相傷也神聖合道交歸之也○雱曰人歸德於鬼

鬼歸德於人

道德眞經集註卷之八

恃一

二十七

道德眞經集註卷之九　　恃二

明皇　河上公　王弼　王雱　註

大國者下流章第六十一

大國者下流

河曰治大國當如居下流不逆細微○弼曰江海居大而處下則百川流之大國居大而處下則天下流之故曰大國下流也

雱曰如江海之於百谷

天下之交

明皇曰下流者謙德也大國當下流開納

則天下之人交至也○河曰大國天下士民之所交會也○弼曰天下之所歸會者也

天下之牝

河曰牝者陰類也柔謙和而不慍也○弼曰靜而不求物自歸之○雱曰當以雌靜受物一本天下之交字

牝常以靜勝牡

河曰女所以屈於男陰勝陽以安靜下先求之也

道德真經集註

以靜爲下

明皇曰天下之人交至者歸於謙德則如牝以雌靜常爲牡動所求由以靜爲下○河曰陰道以安靜爲謙下○弼曰以其靜故能爲下也牝雌也雄躁動貪欲雌常以靜故能勝雄也以其靜復能爲下故物歸之也○雱曰一本云以其靜爲之下

故大國以下小國

弼曰大國以下猶云以大國下小國

則取小國

河曰能謙下之則常有之○弼曰小國則附之

小國以下大國則取大國

明皇曰大取小以爲臣妾小取大以爲援助○河曰此言國無大小能執謙畜人則無過失也○弼曰大國納之也

故或下以取或下而取

明皇曰以者大取小而者小取大○河曰下者謂大國以下小國小國以下大國更以義相取○弼曰言唯脩卑下然後乃各

得其所○雱曰天性非能下人以好爲之者非欲取人但天性自下人而人自歸之者

大國不過欲兼畜人

河曰大國不失下則兼幷小國而牧畜之

小國不過欲入事人

明皇曰大國執謙德而下小國者不過欲兼畜小國爲臣妾小國贄貢賦以下大國者不過欲入事大國爲援助○河曰使爲臣僕

兩者各得其所欲故大者宜爲下

明皇曰一求臣妾一求援助是兩者各得其所欲然大國者常戒於滿盈故特云大者宜爲下○河曰大國小國各欲得其所大國又宜爲謙下○弼曰小國脩下自全

而已不能令天下歸之大國脩下則天下歸之故曰各得其所欲則大者宜爲下也雱曰均之有取大國以下小國則爲樂天樂天者道也小國以下大國則爲畏天畏樂天者勢也

道者萬物之奧章第六十二

道者萬物之奧

明皇曰萬物皆資妙本以生成是萬物取給之所故舉言云爲萬物之奧奧內也○河曰奧藏也道爲萬物之藏無所不容也弼曰奧猶愛也可得庇蔭之辭○雱曰大道深密能庇覆萬物而萬物之所伏藏

善人之寶

明皇曰善人知守道者㠯失道者亡故常寶貴之而無患累也○河曰善人以道爲

身寶不敢違○弼曰寶以爲用也○雱曰善人之所寶聖人則體之矣一本作所實

不善人之所保

明皇曰保任也不善之人不能寶貴至道及有患難即欲以身保任於道自求免爾河曰道者不善人之所保倚也遭患逢急猶自知悔卑下○弼曰保以全也

美言可以市

河曰美言者獨可於市耳大市交易而退不相宜善言美語求者欲疾得賈者欲疾

售也

尊行可以加於人

明皇曰甘美其言可以求市尊高其行可以加人以況聖人以甘美法味之言尊高清靜之行以化不善之人亦如市賈之售相率而從善矣故下文云○河曰加别也人有尊貴之行可以别異於凡人未足以尊道○弼曰言道無所不先物無有貴於此也雖有珍寶璧馬無以正之美言之則可以奪衆貨之賈故曰美言可以市也尊

侍二　四

行之則千里之外應之故曰可以加於人也○雱曰美言尊行道之末流而猶足以市且加於人況道者乎一本無於字

人之不善何棄之有

明皇曰不善之人亦在化之而已何棄遺之有乎○河曰人雖不善當以道化之蓋三皇之前何有棄民德化淳也○弼曰不善當保道以免倣○雱曰市以利合者也人性忌其上而不可加者也苟有美言尊行則雖利者可與交而加人而人不忌矣

然則有道者其於化人何所不服哉故於人之不善無所棄也

故立天子置三公

明皇曰共教不善之人○河曰欲使教化不善之人○弼曰言以尊行道也

侍二 五

雖有拱璧以先駟馬不如坐進此道

明皇曰三公輔佐雖以合拱之璧先導駟乘之馬以獻之猶不如坐進此無爲之道於吾以化人爾○河曰雖有美璧先駟馬而至故不如坐進此道○弼曰此道上之

所云也言故立天子置三公尊其位重其人所以爲道也物無有貴於此者故雖有拱抱寶璧以先駟馬而進之不如坐而進此道也○雱曰天子三公以化民爲已任有道則天下將自賓璧馬所以招賢招賢爲政之大者也雖得賢而已不能進道則民猶不服故未若不求乎外而進道之要也

古之所以貴此道者何也

明皇曰何問辭也

不曰求以得

河曰古之所以貴此道者不曰遠行求索近得之於身

有罪以免耶

河曰有罪謂遭亂世闇君妄行刑誅修道則可以解死免於衆耶也○雱曰求以得故善人寶之有罪以免故不善人保之

故爲天下貴

明皇曰道在於悟不在於求不如財帛故可日日求而得之故云不日求以得既悟

則自無罪累豈待有罪方求免邪可以爲天下貴爾○河曰道德洞遠無不覆濟全身治國恬然無爲故可爲天下貴也○弼曰以求則得求以免則得免無所而不施故爲天下貴也

爲無爲章第六十三

爲無爲

河曰因成修故無所造作○雱曰爲道也

事無事

河曰預設備除煩省事也○雱曰事道也

味無味

河曰深思遠慮味道意也○弼曰以無爲爲居以不言爲教以恬淡爲味治之極也雱曰味道也此三事者皆爲道之常爲此道者雖以無爲爲常而不敢以無故輕乎有物但遇物以道而及乎有物則不敢忽也故下文云

大小多少

河曰陳其戒令也欲大反小欲多反少自然之道也○雱曰畏事之小如大畏事之

少如多莊子曰不忽於人

怨以德

明皇曰於爲無爲於事無事於味無味者假令大之與小多之與少既不越分則無與爲怨者逐境生心違分傷性則無大無小皆爲怨懟今既守分全和故是報怨以德○河曰修道行善絕禍於未生也○弼曰小怨則不足以報大怨則天下之所欲誅順天下之所同者德也○雱曰以直報怨者事也以德報怨者德也事則吉凶與

民同患故已上諸法一不可廢若夫德則不見有物安得怨乎如上三事體道者也方其體道故當如此爾舉怨而以德則知無所不用德

圖難於其易

河曰欲同難事當於易時未及成也

爲大於其細

明皇曰肆情縱欲者於爲無不難於事無不大今欲圖度其難營爲其大當須於性未散而分未越則是於其易細也○河曰

○欲爲大事必作於小禍亂從小來也○雱曰任德者雖以無爲常而及乎事物之際常齋戒以臨之書曰兢兢業業一日二日萬機莊子曰有而爲易乎昊天不宜天下之禍常生於所忽戒乎其易與細則終無尤矣

天下之難事必作於易

河曰從易生難

天下之大事必作於細

明皇曰明上文所以預圖爲也○河曰從

細至著○雱曰易則發於所忽細則從微至著

故聖人終不爲大

河曰處謙虚也

故能成其大

明皇曰因云大事必作於細將明聖人所以能成其大者以不爲其難事大事故能成其尊大爾○河曰天下共歸之也○雱曰聖人常修細務以成大功功業既成所謂大人也詩曰小難盡廢則中國微矣此

亦明大治之在積小也

夫輕諾必寡信

河曰不重言也

多易必多難

明皇曰輕諾許人必寡於信動作多易後

必多難○河曰不慎患也

是以聖人猶難之

河曰聖人動作舉事猶進退重難之欲塞

其源○弼曰以聖人之才猶尚難於細易

況非聖人之才而欲忽於此乎故曰猶難

道德真經集註

之也

故終無難矣

明皇曰難爲輕諾多易故終無難大之事

河曰聖人終身無患難之事猶避害深也

雱曰聖人非但愼微可不生事常以事爲

憚而不輕易於有爲故終無難也

其安易持章第六十四

其安易持

河曰治身治國安靜者易守持也

其未兆易謀

明皇曰言人正性安靜之時將欲執持令不散亂次雖欲起心尚未形兆謀杜絕之使令不起並甚易爾○河曰情欲禍患未有形兆時易謀止也○雱曰戒在事物之先所謂爲之於未有

其脆易泮

河曰禍亂未動於朝情欲未見於色如脆弱易破除○雱曰一本泮作破

其微易散

明皇曰欲心初染尚自危脆能絕之者脆

則易破禍患初起形兆尚微將欲防之微則易散去則易散爾○河曰其未彰著微小易散去也○弼曰雖失無入有以其微脆之故未足以興大功故易也此四者皆說慎終也不可以無之故而不持不可以微之故而弗散也無而弗持則生有焉微而不散則生大焉故慮終之患如始之禍則無敗事

雱曰救於已然之始所謂治於未亂

爲之於未有

明皇曰覆上易持易謀也所以易者爲營

爲於未有形兆爾○河曰欲有爲當於未有萌芽之時塞其端也○弼曰謂其安未兆也

治之於未亂

明皇曰覆上易破易散也所以易者爲除理之於未成禍亂爾○河曰治身治國於未亂之時當塞閉其門也○弼曰謂閉微脆也

合抱之木生於毫末

河曰從小成大○雱曰長也

九層之臺起於累土

河曰從卑立高○雱曰積也

千里之行始於足下

明皇曰此二者諭其不早良圖使後成患

河曰從近至遠○雱曰進也此三者皆自

近及遠從微至著物化之理也故聖人不

敢造事物之端以開天下誠恐因而寖大

去本日遠貽患將來也故曰化而欲作吾

將鎮以無名之樸然則聖人之慮患也不

亦早乎

爲者敗之

河曰有爲於事廢於自然有爲於義廢於仁有爲於色廢於精神也

執者失之

明皇曰凡情不能因任營爲分外爲者求遂理必敗之於事不能忘遣動成執著執著求得理必失之○河曰執利遇患執道全身堅持不得推讓反還○弼曰當以愼終除微愼微除亂而以施爲治之刑名執之反生事原巧辟滋作故敗失也○雱曰

眞常無所有所則違爲之執之皆屬意作吾有此意民意日生夫然豈所謂持其安而謀其未兆者

是以聖人無爲故無敗

河曰聖人不爲華文不爲色利不爲殘賊故無敗壞也

無執故無失

河曰聖人有德以教愚有財以與貧無所執藏故無所失於人也○雱曰吾不敗常失性則天下亦盡其常性矣

故民之從事常於幾成而敗之

明皇曰人之始從事於善者常於近成而自敗之○河曰從爲也民人爲事常於功德幾成而貪位好名奢泰盈滿而自敗也弼曰不慎終也○雱曰事有常運時至即成莊子曰美成在久而民愚無知眛於此理躁而欲速以人助天故事已幾成而每至自敗此則以人勝天以故滅命以事勝道之過也

慎終如始則無敗事矣

明皇曰慎其終末常如始從善之心則必無禍敗之事○河曰終當如始不當懈怠雱曰事常自爲不假人力如種苗者但當深其根去其害則秋至而成理可待也

是以聖人欲不欲

河曰聖人欲人所不欲人欲彰顯聖人欲伏光人欲文飾聖人欲質朴人欲色聖人欲於德也○雱曰不欲之欲非無欲也欲在於不欲耳故不貴難得之貨而已

不貴難得之貨

明皇曰難得之貨爲性分所無者今聖人於欲不欲不營爲於分外故常全其自然是不貴難得之貨○河曰聖人不眩爲服不賤石而貴玉○弼曰好欲雖微爭尚爲之興難得之貨雖細貪盜爲之起也○雱曰聖人所謂無爲無執者故未至於釋然都忘也但不於性分之外更生一切耳且民飽食暖衣性所不免欲此而已不爲有欲而離性之後更貴難得之貨此乃愚人迷妄失本已遠故也故聖人常欲不欲以

捄其迷而反之性

學不學

河曰聖人學人所不能學人學智詐聖人學自然人學治世聖人學治身守道眞也

雱曰不學之學非無學也所學在於不學耳以復衆人之所過故也

以復衆人之所過

河曰衆人學問反過本爲末過實爲華復之者使反本也○弼曰不學而能者自然也喻於不學者過也故學不學以復衆人

之所過○雱曰衆人逐末多事聖人以不學之學捄其過而反之道

以輔萬物之自然

河曰教人反本實者欲以輔助萬物自然之性也

而不敢爲

明皇曰聖人不求過分之學是於學不學將以歸復衆人過分之學以輔其自然之性故不敢爲俗學與多欲也○雱曰輔自然者莊子所謂反以相天是也爲之則以

人滅天矣故不敢為然則萬物安乎性命之常而事物無所兆矣夫豈有脆之可泮微之可散者哉

古之善為道者章第六十五

古之善爲道者

河曰說古之善以道治身及治國者

非以明民

河曰不以道教民明智巧詐也

將以愚之

明皇曰人君善爲道者非以其道明示於

人將導之以和使歸復於樸令如愚爾○河曰將以道德教民使樸質不詐僞○弼曰明謂多見巧詐蔽其樸也愚謂無知守眞順自然也○雱曰所惡夫愚者不明乎理而祇冒法禁令則不然反常復樸無事巧僞而已詩（恃二）曰不識不知順帝（十四）之則

民之難治以其智多

明皇曰君將明道以臨下人必役智以應上智多則詐興是以難理○河曰以其智多故爲巧僞○弼曰多智巧詐故難治也

雱曰智則難知

故以智治國國之賊

明皇曰以用也人君任用多智之臣使令理國智多必作法法作則姦生故是國之賊○河曰使智慧之人治國之政事必遠道德妄作威福爲國之賊○弼曰智猶治也以智而治國所以謂之賊者故謂之智也民之難治以其多智也當務塞兊閉門令無知無欲而以智術動民邪心既動復以巧術防民之僞民知其術防隨而避之

思惟密巧姦僞益滋故曰以智治國國之賊也○雱曰任察以治則民爭出於智詐矣莊子曰開人者賊生此之謂也

不以智治國國之福

明皇曰若不用巧智之臣但取純德之士使偃息蕃魏弄九解難自然智詐日薄淳樸日興人和年豐故是國之福也○河曰不使智慧之人治國之政事則民守正直不爲邪飾上下相親君臣同力故爲國之福也○雱曰君人在乎法天法天在乎體

道釋道而智非其任矣若夫至人無思無爲而天下復樸者福可勝言哉莊子曰閒天者德生此之謂也

知此兩者亦楷式

明皇曰役智詐則害於人任純德則福於國人君能知此兩者委任純德之臣是以爲君楷模法式○河曰兩者謂智與不智者智者能爲賊不智者能爲福是治身治國之法式也○雱曰楷一本作稽

能知楷式是謂玄德

明皇曰人君常知所委任是謂深玄至德矣○河曰玄天也能知治身及治國之法式是謂與天同德也

玄德深矣遠矣

河曰玄德之人深不可測遠不可極也○弼曰楷同也今古之所同則不可廢能知楷式是謂玄德玄德深矣遠矣

與物反矣

河曰玄德之人與萬物反異萬物欲益已玄德施與人也○弼曰反其真也○雱曰

物事也任德者與事相反而事卒以之治比本末之説也世人所見者淺近徇末而昧於本故但見事而不知德也

然後乃至大順

明皇曰玄德深遠能與物反歸復其本令物乃至大順於自然之性也○河曰玄德與萬物反異故能至大順順天理也○雱曰方其任德之時若反於事而事終以治反近情而順大勢故也一本作乃復至於大順

侍二 十六

江海爲百谷王章第六十六

江海所以能爲百谷王者以其善下之也

河曰江海以卑故衆流歸之若民歸就王

故能爲百谷王

明皇曰江海所以能令百川委輸歸往者以其善能卑下之故百川朝宗矣○河曰以卑下故能爲百谷王也○雱曰王者歸往之義能不物物乃歸矣

是以聖人欲上人

河曰欲在民上

以其言下之

河曰法江海處謙虛

欲先人

河曰欲在民之前也

以其身後之

河曰先人而後己也

是以聖人處上而人不重

河曰聖人在民上爲主不以尊貴謔下故

民戴而不爲重

處前而人不害

○明皇曰謙爲德柄尊用益光以言謙下之百姓忻戴故處其上而人不以爲重以身退後之百姓子來故處其前而人不以爲害也○河曰聖人在民前不以光明蔽後民親之若父母無有欲害之心也○雱曰

一本有也字

是以天下樂推而不厭

明皇曰以是不重不害之故故天下之人樂推崇爲之主而不厭倦○河曰聖人恩深愛厚視民如赤子故天下樂推進以爲

主無有厭也○雱曰聖人豈計利而爲此哉亦德而已矣德下之則形上矣德後之則形先矣故常爲天下貴也

以其不爭

河曰天下無厭聖人時是由聖人不與人爭先後也

故天下莫能與之爭

明皇曰聖人謙退不與物爭天下共推誰與爭者○河曰言人皆爭自爲無與吾爭無爲

天下皆謂章第六十七

天下皆謂我道大似不肖

明皇曰肖似也老君云天下之人皆謂我道大無所象似我則答云〇河曰老君言天下謂我德大我則佯愚似不肖

恃二 十八

夫惟大故似不肖

河曰唯獨名德大者爲身害故佯愚似若不肖無所分別無所割截不賤人而自貴

若肖久矣

河曰肖善也謂辨惠也若大辨惠之人身

高自貴行察察之政所從來久矣

其細也夫

明皇曰夫唯我道至大故無所象似若如代閒諸法有所象似則不得稱大久已微細也夫○河曰言辨惠者唯如小人也非長者○弼曰久矣其細猶曰其細久矣肖則失其所以爲大矣故夫曰若肖久矣其細也○雱曰肖者有所似道爲萬物祖故體道者物當似我我豈似物乎蓋有所似則是象彼則彼必大而我小矣

我有三寶

雱曰凡此三寶皆俗情所謂小而乃至人之所以爲大也

寶而持之

明皇曰我道雖大無所象似然有此三行甚可珍貴能常保倚執持可以理身理國也○河曰老子言我有三寶抱持而保倚

侍二十九

一曰慈

河曰愛百姓若赤子○雱曰慈主於愛愛物仁也而獨稱慈者仁則廣德以覆下於

末爲盛矣老子方語其本故不曰仁而曰慈慈者父道仁之本而不假爲者也

二曰儉

河曰賦歛若取之於己也○雱曰儉之爲德寡欲也貴本也愛物也一言而三善至者其儉乎若孔子曰禮與其奢也寧儉蓋聖人制禮將以爲儉而方其爲禮也不得獨儉非禮則無末非老子則不知本本乎本乎聖人之道於是爲至乎

三曰不敢爲天下先

明皇曰慈則廣救儉則足用不敢爲天下先故樂推而不厭○河曰執謙退不爲倡始也○雱曰於易則謙是也天地人神皆以謙爲貴故聖人寶之

夫慈故能勇

明皇曰慈仁愛故勇於救濟也○河曰以爲仁故能勇於忠孝也○弼曰夫慈以陳則勝以守則固故能勇也○雱曰慈者不爭而勝勇莫大焉

儉故能廣

明皇曰節儉愛費財用有餘故功施益廣也○河曰天子身能節儉故民日用寬矣弼曰節儉愛費天下不匱故能廣也○雱曰區區以奢侈自廣者其狹甚矣唯無以末傷本無以外滅內者至廣也

恃二　二十

不敢爲天下先

河曰不爲天下首先

故能成器長

明皇曰慈儉之德謙益光推先與人人必不厭故能成神器之長○河曰成器長謂

得道人也我能爲道人之長也○弼曰唯後外其身爲物所歸然後乃能立成器爲天下利爲物之長也○雱曰此聖人之行故但爲器長而已若道之長則未嘗在物後也

今舍其慈且勇

河曰今世人舍慈仁但爲勇武也○弼曰且猶取也

舍其儉且廣

河曰舍其儉約但爲奢華

舍其後且先

河曰舍其後已但爲人先

死矣

明皇曰今舍慈且勇勇則害物舍儉且廣廣則傷財舍後且先先則人怨傷財害物聚怨於人是必死之道故云死矣○河曰所行如此動入死地○雱曰以人滅天以事勝道借使幸免盖失所以生矣三寶皆天德而本者也

夫慈以陳則正

○弼曰相慜而不避於難故正也○雱曰正如正兵之正正兵之言師整而不動也愛民如子則民愛之如父不令而齊矣彼倒戈攻于後以此者上不慈故也一本作以戰則勝

以守則固

明皇曰用慈以戰利在全衆用慈以守利在安人各保安全故能勝固矣○河上曰夫慈人者百姓親附并心一意故以戰則勝敵以守衛則堅固○雱曰戰守主於殺伐

而尚以慈爲德則餘事可知

天將救之以慈衛之

明皇曰以慈守豈但人和天道孔明亦將救衛戰勝天救也守固天衛也是皆以慈故故云天將救之以慈衛之○河上公曰天將救助善人必與慈人之性使能自營助也○雱曰三寶皆以慈爲心言天救衛之者以其慈也

善爲士章第六十八

善爲士者不武

明皇曰士事也善以道爲理國之事者尚德故云不武○河曰言貴道德不貴武力弼曰士卒之帥也武尚先陵人也○雱曰士非成德之稱故士之爲言察也武也獄師曰士取其察卒帥曰士取其武夫以武爲事者德在乎不武所以爲之本也故武者不失爲士而非德士也爲士之善其以德乎

善戰者不怒

明皇曰事不得已必須應敵以慈則善故

不憑怒○河曰善以道戰者禁邪於胷心絶禍於未萌無所誅怒也○弼曰後而不先應而不唱故不在怒○雱曰武王一怒而安天下者其事而已德則未嘗怒也

善勝敵者不爭

明皇曰師克在和和則善勝全勝之善故不交爭○河曰善以道勝敵者附近以仁來遠以德不與敵爭而敵自服也○弼曰不與爭也○雱曰不爭之德有時而爭爭之者事也德則未嘗爭也

善用人者爲之下

明皇曰謙以使人令盡其力必先下之是爲善用

是謂不爭之德

河曰謂上爲之下也是乃不與人爭之道德也○雱曰是德也非事也此言德經也故常言德它皆如此

是謂用人之力

河曰能身爲人下是謂用人臣之力○弼曰用人而不爲之下則力不爲用也○雱

曰天下皆助之故不用力而勝强也

是謂配天

河曰能行此者德配天地○雱曰不徇事而得德故能盡性盡性則人道備故可以配天

古之極

明皇曰善勝是不爭之德爲下是用人之力能如此者可以配天稱帝是古之至極要道也○河曰是乃古之極要道也○雱曰一本此有也字古之極者大中之道也

道德眞經集註卷之九

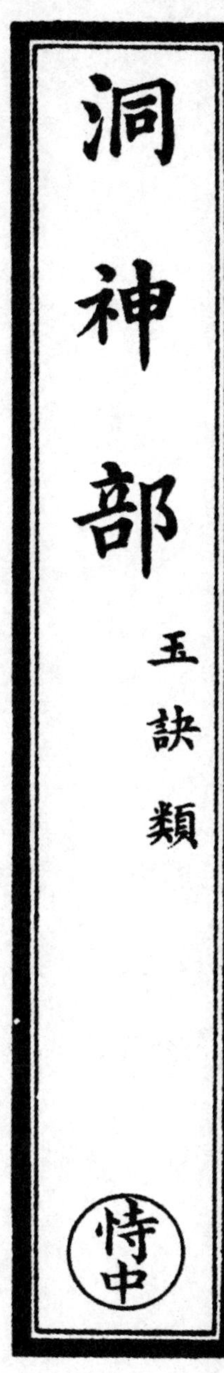
洞神部
玉訣類
侍中

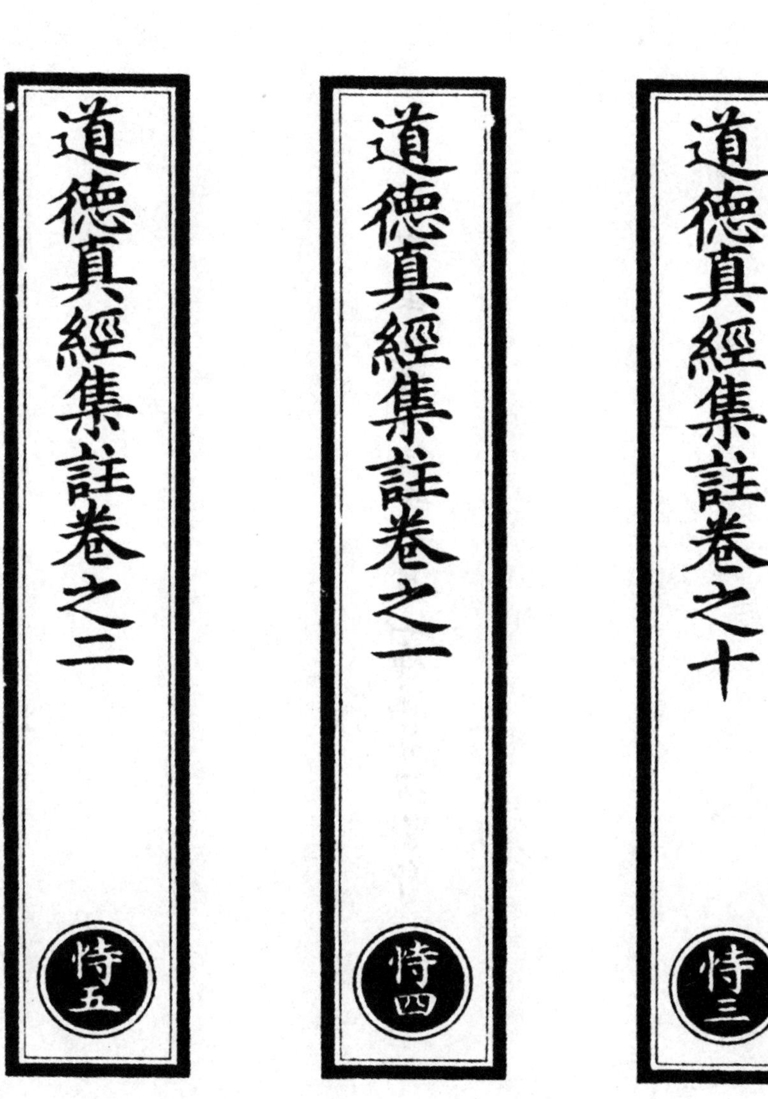
道德真經集註卷之十
侍三
道德真經集註卷之一
侍四
道德真經集註卷之二
侍五

中華民國十三年八月上海涵芬樓影印

道德眞經集註卷之十

明皇　河上公　王弼　王雱　註

用兵有言章第六十九

用兵有言

明皇曰老君傷時王殘人於兵故託古以陳戒有言者謂下句○河曰陳用兵之道老子疾時用兵故託此設其義也

吾不敢爲主

河曰主先也不敢先舉兵

而爲客

○河曰客者和而不倡用兵當承天而後動

雱曰造攻自鳴條爲兵主者也朕載自亳

爲客者也

不敢進寸而退尺

明皇曰主有動作則生事而貪無營爲則

以慈自守自守則全勝生事則敗亡進雖

少不能無事退雖多不失謙讓故不敢進

於寸而退於尺○河曰侵人境界利人財

寶爲進閉門守城爲退○雱曰不勇於殺

伐

是謂行無行

明皇曰爲客退尺不與物爭雖行應敵與無行同矣○河曰彼遂不止爲天下賊雖行誅之不行執也○弼曰彼遂不止○雱曰至仁之兵有征無戰與無行同

攘無臂

明皇曰攘臂所以表怒義戰不怒故若無臂可攘○河曰雖欲大怒若無臂可攘也

仍無敵

明皇曰仍引也引敵者欲爭不爭故若無

敵可引○河曰雖欲仍引之心若無敵可仍也○弼曰行謂行陳也言以謙退哀慈不敢為物先用戰猶行無行攘無臂執無兵仍無敵也言無與之抗也

執無兵

明皇曰執兵所以表殺令以慈為主故雖執兵與無兵同○河曰雖欲執持之若無兵刃可持用也何者傷彼之民罹罪於天遣不道之君愍忍喪之痛也○雱曰雖有戰之名前無敵者故與不戰同

禍莫大於輕敵

河曰夫禍亂之害莫大於欺輕敵人侵取不休輕戰貪財

輕敵則幾喪吾寶

明皇曰為禍之大莫大於輕侮敵人輕侮敵人者則殆喪吾以慈之寶○河曰幾近也寶身也欺輕敵人近喪身也○弼曰言吾哀慈謙退非欲以取强無敵於天下也不得已而卒至於無敵斯乃吾之所以為大禍也寶三寶也故曰幾亡吾寶○雱曰

兵凶器也仁人之兵雖所向無前而不敢輕敵輕敵則喪其慈喪慈則有不勝也

故抗兵相加

河曰兩敵戰也

哀者勝矣

明皇曰抗舉也兩國舉兵以相加則慈哀於人者勝○河曰哀者慈仁士卒不遠於死○弼曰抗舉也若當也哀者必相惜而不趣利避害故必勝○雱曰哀憐之心慈也慈故能勇所以勝一本作相若亦通若

之言兵力相敵也竊嘗論之書曰威克厥愛允濟又曰勗哉夫子尚桓桓亦何衰之有而老子之言兵獨常如此者論兵之道也彼則兵之事也聖人豈異意哉而不同者時而已矣

吾言甚易知章第七十

吾言甚易知甚易行

明皇曰老君云吾所説言契理故易知簡事故易行○河曰老子言吾所言省而易知約而易行也

而天下莫能知莫能行

明皇曰天下之人滞言而不悟煩事而不約故莫能知莫能行○河曰人惡柔弱好剛强也○弼曰可不出户窺牖而知故曰甚易知也無爲而成故曰甚易行也惑於躁欲故曰莫之能知也迷於榮利故曰莫之能行也○雱曰聖人順性命之至以爲教言不煩而簡事不奇而常反身則知率性則合苟欲知之行之不亦甚易乎凡天下之難事皆起於舍本逐末與妄爲構故

內外交亂奇物滋出而智不能勝也夫唯異此則一辭一辭可盡雖甚易知甚易行而莫能知莫能行者用心於末而務奇與難故爾一本作人莫之能知能行

言有宗事有君 情三四

明皇曰言者在理理得而言忘故言以無言爲宗事者在功功成而不宰故事以無事爲君也○河曰我所言有宗祖根本事有君臣上下世人不知者非我之無德心與我反○弼曰宗萬物之宗也君萬事之

主也○雱曰言以理爲歸事以道爲主知理與道則言與事雖多無難知者也

夫唯無知是以不吾知也

明皇曰天唯俗人無了悟之知是以不知我無言無事之教○河曰夫唯世人也是我德之闇不見於外窮微極妙故無知也弼曰以其言有宗事有君之故故有知之人不得不知之也○雱曰所知非至理則所謂知者非知也自以爲知而不知聖人則可謂知乎

知我者希則我貴矣

明皇曰了知我忘知之意者希少則我不言之教者至貴○河曰希少也唯達道者乃能知我故爲貴也○弼曰唯深故知之者希也知我益希我亦無匹故曰知我者希則我貴也○雱曰道大則知者少歷萬世而知者一人是旦暮遇之也一本作則我者貴

是以聖人被褐懷玉

明皇曰被褐者晦其外懷玉者明其內故

知我者希爾○河曰被褐者薄外懷玉者厚內匿寶藏德不以示人也○弼曰被褐者同其塵懷玉者寶其真也聖人之所以難知以其同塵而不殊懷玉而不渝故難知而爲貴也○雱曰豈辨以相示乎

知不知章第七十一

知不知尚矣

河曰知道言不知是乃德之上○雱曰不識不知真知之極

不知知病矣

明皇曰了法性空本非知法於知忘知是德之上不知知法本性是空於知強知是行之病○河曰不知道言知是乃德之病弼曰不知知之不足任則病也○雱曰道不可知且不足知而彼乃昭然有知是未嘗知道也未嘗知道而自以爲知則是妄見一切耳其病大矣

夫唯病病是以不病

明皇曰夫唯能病強知之病是以不爲強知所病○河曰夫唯能病若衆人有強知

之病是以不自病

聖人之不病以其病病

河曰聖人無此强知之病者以其常若衆人有此病也

是以不病

明皇曰唯聖人所以不病者以其病衆生强知之病是以不病○河曰以此非人也故不自病夫聖人懷通達之知託於不知者欲使天下質朴忠正各守純性小人不知道意而妄行强知之事以自顯著内傷

精神滅壽消年也○弼曰病病者知所以爲病○雱曰病而不自知病者終莫悟矣

民不畏威章第七十二

民不畏威則大威至矣

明皇曰有威而可畏謂之威言人於小有畏拙於慎微則至於大可畏○河曰威害也人不畏小害則大害至謂死亡也畏之者當愛精神承天順地也○雱曰民樸而生厚則畏威上失其道多爲有爲以小其道塞其生故民巧僞彫薄而威不能服也

夫如是則天誅所加禍亂將起故曰大威至

無狹其所居

明皇曰神所居者心也無狹者除情去欲使虛而生白○河曰謂心居神當寬柔不當急狹也

無厭其所生

明皇曰身所生者神也無厭者少思寡欲使不勞倦○河曰人所以生者爲有精神託空虛喜清靜飲食不節忽道念色邪僻

滿腹爲伐本厭神○弼曰清靜無爲謂之居謙後不盈謂之生雖其清靜行其躁欲棄其謙後任其威權則物擾而民僻威不能復制良民不能堪其威則上下大潰矣天誅將至故曰民不畏威則大威至無狹其所居無厭其所生言威力不可任也○雱曰民性本自廣大流通而世教下衰不能使之復樸乃蹙其居之廣而使狹厭其生之通而使塞夫唯狹其居故民不淳而僞唯厭其生故民不厚而薄狹聖人不然

使民逍遥乎天下之廣居而各遂其浩然之性則其有干戚者乎莊子曰狶韋氏之國黄帝之圃堯舜之宫湯武之室此明世世下衰漸狹其居也彼聖人豈有優劣乎而居乃漸狹者所遭之時則然也

夫唯不厭

弼曰不自厭也

是以不厭

明皇曰夫唯人不厭神是以神亦不厭人

河曰夫唯獨不厭精神之人洗心濁垢恬

怡無欲則精神居之不厭也○弼曰不自厭是以天下莫之厭○雱曰上不自厭其生而盡性故民亦得盡性也莊子曰不厭其天此之謂也厭者天厭之之厭

是以聖人自知

河曰自知己之得失

不自見

河曰不自顯見德美於外故之於内○弼曰不自見其所知以耀光行藏也

自愛

河曰自愛其身以保精氣

不自貴

明皇曰自知其身防可畏之事自愛其身無厭神之咎不自見其能以犯患不自貴其身以聚怨也○河曰不自貴高榮名於世○弼曰自貴則物狹厭居生○雱曰自見則矜我自貴則賤物此所以自狹其居自厭其生亦以狹民之居厭民之生也自知則明乎性而不爲妄自愛則保其身而不爲非夫然則豈至於干天之威也

故去彼取此

明皇曰去彼見貴取此知愛○河曰去彼

自見自貴取此自知自愛

勇於敢章第七十三

勇於敢則殺

河曰勇敢有爲則殺身也○弼曰必不得

其死也

勇於不敢則活

明皇曰敢謂果敢言人勇於果敢從事則

失於謙柔退讓必害於身故云則殺不敢

九 皆三

者則可以活身矣○河曰勇於不敢有爲則活其身○弼曰必濟命也○雱曰勇敢者任氣生事輕死以徇其所爲以事爲道者也勇不敢者迫而後動不先物以爭功以道爲事者也

此兩者

河曰謂敢與不敢也

或利或害

河曰活身爲利殺身爲害○弼曰俱勇而所施者異利害不同故曰或利或害也○

雱曰人之所利天實害之故曰天之君子人之小人人以爲小人則固流俗之所後也而天實先之

天之所惡

河曰惡有爲也

孰知其故

明皇曰兩者敢與不敢也或有也能知不敢者有利敢者有害當須勇於不敢此勇敢之人動有災害乃天之所惡孰能知其故哉○河曰誰能知天意之故而不犯○

雱曰下愚小智但見衆人之所利而不知天所惡也故下文明天道之所以然當視以爲法

是以聖人猶難之

明皇曰聖人猶難爲勇敢之事○河曰言聖人之明德猶難者勇敢況無聖人之德而欲行之乎○雱曰聖人與天合德尚不敢輕諾多易也

天之道不爭而善勝

明皇曰此下言天道謙虛以戒人事勇敢

天不與物爭四時盈虛物無違者故善於勝○河曰天不與人爭貴賤而人自畏之弼曰夫唯不爭故天下莫能與之爭○雱曰天爲羣物之父豈與赤子爲敵乎此所以善勝也

不言而善應

明皇曰天何言哉福善禍淫曾無差忒故云善應○河曰天不言萬物自動以應時弼曰順則吉逆則凶不言而臨應也○雱曰天何言哉四時行焉百物生焉福善禍

謡酬酢萬變無一不至

不召而自來

明皇曰天道不召物所從已物不能違自來順天爾○河曰天不呼召萬物皆負陰而向陽○弼曰處下則物自歸○雱曰見召於人臣子之道天爲君父孰能制之運至則來非有召也

坦然而善謀

明皇曰天道玄遠繟然寬大垂象示變人可則之故云善謀也○河曰繟寬也天道

雖寬博善謀慮人事修善行惡各蒙其報也○弼曰垂象而見吉凶先事而設誡安而不忘危未兆而謀之故曰坦然而善謀也○雱曰常易故坦然知險故善謀一本作繟然

天網恢恢踈而不失

明皇曰天之網羅雖恢恢踈遠刑淫賞善毫分不失○河曰天所網羅恢恢其大雖踈遠司察人善惡無有所失○雱曰天任理而不任意其禍福也付之自爲如木有

華還當結實豈或開而結之哉而無一不如法者今世之人多疑禍福之應誠以小智自私任意而不知理故但見一曲而不覩夫大致也故知此道也則世間善惡禍福隨其器之大小各有遲速之度要當報之無有免者且聖人爲政尚貴悶悶誠使天道之大而察察其意則其報復也豈能周乎

民常不畏章第七十四

民常不畏死

河曰治國者刑罰酷深民不聊生故不畏死也治身者嗜欲傷神貪財殺身民不知畏之也

奈何以死懼之

明皇曰縱放情欲動之死地習以爲常常無畏者人君常以清靜化之奈何更立刑法以誅殺恐懼之乎○河曰人君當寬刑罰教民去情欲奈何設刑法以死懼之○雱曰上失其道俗彫民困民無所賴生以抵冒法禁而上猶以死懼之然則所殺雖

恃三　十二

多亂終不止則秦以下是也

若使民常畏死

河曰當除已之所殘剋教民去利欲也

而爲奇者吾得執而殺之孰敢

明皇曰若使民人皆從清靜之化不敢溺情縱欲常畏於死而獨爲奇詐者假令吾勢得執殺此奇詐之人孰敢即殺故下文云○河曰以道教民而民不從反爲奇巧乃應王法執而殺之誰敢有犯者老子傷時王不先道德化之而先刑罰○弼曰詭

異亂羣謂之奇也○雱曰好生之德洽于民心而民重死然後刑行而物服矣

常有司殺者殺

明皇曰如此奇詐之人天網不失是常有天之司殺者殺之○河曰司殺者天居高臨下司察人過天網恢恢踈而不失也

恃三　十二

而代司殺是代大匠斲

明皇曰人君好自執殺必不得天理是猶拙夫代大匠斲木○河曰天道至明司殺有常猶春生夏長秋收冬藏斗杓運移以

節度行之人君欲代殺之是猶拙夫代大匠斲木勞而無功也〇雱曰君尊臣卑各有常分君以無爲而任道臣以有爲而治事道之與事相去遠矣故典獄則有司殺治木則有大匠君不與焉仰成而已世皆知代斲之非而不悟代殺之失莊子曰上亦有爲也下亦有爲也是上與下同德傳曰舜何爲哉恭己正南面而已道貫兼事故君得兼臣然君而事事失其所以爲君矣臣之事事而殺伐尤爲非道故深言之

蓋經稱不以兵强天下而猶曰以道佐主者誠以以道爲主則豈暇議彼哉一本而作夫

夫代大匠斲希有不傷其手矣

明皇曰拙夫代斲豈但傷材亦自傷其手

人君任刑代彼司殺豈唯殘害百姓抑亦自喪天和也○河曰人君行刑罰猶拙人代大匠斲則方圓不得其理還自傷代天殺者夫紀綱不得其紀綱還受其殃也○弼曰爲逆順者之所惡忿也不仁者人之

所疾也故曰常有司殺也○雱曰代斲傷手而已代殺乃失其道也一本無有字

民之飢章第七十五

民之飢以其上食稅之多也

河曰人民所以飢寒者以其君上稅食下太多

是以飢

明皇曰天下之民所以飢之不足者以其君上食用賦稅之太多故爾○河曰民皆化上爲貪叛道違德故飢○雱曰張官職

禄制禮用財將以富民也而費多增稅末盛本衰適使之飢而已一本無也字

民之難治以其上之有爲也

河曰民之不可治者以君上多欲好有爲也

是以難治

明皇曰天下之人所以難理化者以其君上之有爲則多難多難則詐興是以難理

河曰是以其民化上有爲情僞難治○雱曰任察生事將以治民而人困俗彫巧僞

彌出愈難治矣觀上古與後世即其驗也

人之輕死以其求生之厚也

河曰人民輕犯死者以其求生活之道太厚貪利以自危

是以輕死

明皇曰天下之人所以輕其死者以其違分求生太厚之故是以輕死○河曰以求生太厚之故輕入死地也○雱曰生者不有其生則生常全既過於厚則求欲無已觸刑陷險視死輕矣此三者皆以其求害

其所以求蓋明無爲之理

唯無以生爲者是賢於貴生也

明皇曰自然之分足則生全若養過其分則生亡矣故夫唯無以厚其生爲者是賢於矜貴其生○河曰夫唯獨無以生爲務者爵祿不干於意財利不入於身天子不得臣諸侯不得使則賢於貴生也○弼曰言民之所以僻治之所以亂皆由上不由其下也民從上也疑此非老子之所作○雱曰厚生必至於輕死唯無以生爲乃常

全矣貴生者但賢於輕死未若無以生爲之至也此篇三事但明其一則餘二可知也

人之生章第七十六

人之生也柔弱

河曰人生含和氣抱精神故柔弱也

其死也堅强

河曰人死和氣竭精神亡故堅强也

草木之生也柔脆

河曰和氣存也

其死也枯槁

河曰和氣去也

故堅强者死之徒也柔弱者生之徒也

明皇曰生之柔弱和氣全也死之堅强和

氣散也欲明守柔弱者全生保年爲强梁

者喪身失性〇河曰以其上二事觀之知

堅强者死柔弱者生也

是以兵强則不勝

明皇曰見哀者勝故知恃强者必敗〇河

曰强大之兵輕戰樂殺毒流怨結衆弱爲

一强故不勝○弼曰强兵以暴於天下者物之所惡也故必不得勝○雱曰善勝者積小不勝以爲大勝今此以强爲德則其事必弱也

木强則共

明皇曰本强大故處於下枝條柔弱共生於上蓋取其柔弱者在上强梁者在下故下文云○河曰木强大枝葉共生其上也弼曰物所加也○雱曰伐而共之

故堅强居下

弼曰大之本也

柔弱處上

河曰興物造功大木處下小物處上大道抑强扶弱自然之效○弼曰枝條是也○雱曰竊嘗論之陰陽道也陰先而陽後天地物也天尊而地卑故語德則柔弱足以勝剛强計事則剛强足以制柔弱世之人觀事而不明乎德故所謂强者常至於與死爲徒也一本作强大處下

天之道章第七十七

天之道其猶張弓乎

明皇曰天道玄遠非喻不明故舉張弓以彰其用○河曰天道闇昧舉物類以爲喻也

高者抑之下者舉之有餘者損之不足者與之

明皇曰張弓如此乃能命中是猶天道虧盈益謙欲令人君法天字人故示抑高舉下之道○河曰言張弓和調之如是乃可用夫抑高舉下損强益弱天之道也

天之道損有餘補不足

河曰天道損有餘而益謙常以中和為上也○雱曰天道任理故均一本補作與

人之道則不然

河曰人道則與天道反也○弼曰與天地合德乃能包之如天之道如人之量則各有其身不得相均如唯無身無私乎自然然後乃能與天地合德

損不足以奉有餘

明皇曰天道平施裒多益寡人則違天翻

損不足○河曰世俗之人損貧以奉富奪弱以益强也○雱曰人道任情故不均

孰能損有餘而奉不足於天下者其唯道乎

明皇曰誰能以已之有餘奉與天下之不足乎獨有道者能爾○河曰言誰能居有餘之位自省爵祿以奉天下不足者乎唯有道之君能行也○雱曰有道者與天合道一本云孰能以有餘奉天下唯有道者

恃三　十八

是以聖人爲而不恃

明皇曰聖人法天稱物均施施平於物而

不恃其功○河曰聖人爲德施不恃其報也

功成不居

明皇曰推功於物不處其成○河曰功成事就不處其位○雱曰一本居作處字

其不欲見賢耶

河曰不欲使人知己之賢匿功不居榮名畏天損有餘也○雱曰恃爲處功則見賢見賢則有餘是招損之道也一本無邪字

天下柔弱章第七十八

○天下莫柔弱於水

河曰圓中則圓方中則方擁之則止決則行

而攻堅彊者莫之能先

河曰水能懷山襄陵磨鐵消銅莫能勝水

持三　十九

而成功也

其無以易之也

河曰夫攻堅強無以易於水○雱曰水方圓曲直隨物萬變而初不易己此所以終能勝物也夫玉石堅強矣而持以攻物有

道德真經集註

時而碎者以其可易耳一本云天下柔弱

莫過於水

弱之勝彊

河曰水能滅火陰能消陽

柔能勝剛

河曰舌柔齒剛齒先舌亡

天下莫不知

河曰知柔弱者長久剛强者折傷也

而莫之能行

明皇曰柔弱之道勝於剛强天下未有不

知者知有此道不能行也○河曰恥謙卑好強梁○雱曰得一者寡一本作故柔勝剛弱勝強

是以聖人言

河曰謂下事也

受國之垢是謂社稷主

河曰君能受國之垢濁者若江海不逆小流則能長保其社稷爲一國君主也○雱曰垢未若不祥之甚故但爲社稷主

受國之不祥是謂天下王

明皇曰引萬方之罪是受國之垢濁稱孤寡不穀是受國之不祥其德如此則社稷有奉故天下之人歸往矣○河曰君能引過自與代民受不祥之殃則可以王有天下○雱曰聖人所以能柔弱者體水以爲德也受垢不祥其納汙受辱之義乎此可謂智者道爾

侍三 二十

正言若反

明皇曰爲國之垢爲社稷主受國不祥爲天下王是必正言初若反俗故云正言若

反○河曰此乃正直之言世人不知以爲反言○雱曰反於小知之近情而合於大道之至正

和大怨章第七十九

和大怨者

明皇曰與身爲怨對之大者情欲也和謂調和也此言人君欲以言教調和百姓使無情欲故曰和大怨○河曰殺人者死傷人者刑以相和報

必有餘怨

明皇曰立教化人不能無迹斯迹之弊還與爲怨故曰必有餘怨○河曰任刑者夫人情必有怨及於良人也○弼曰不明理其契以致大怨已至而德以和之其傷不復故必有餘怨也○雱曰上禮爲之而莫

特三　二十一

之應則攘臂而仍之天下始有怨矣既不能反常復本而方乃以聯合歡則怨必彌起

安可以爲善

明皇曰既有餘怨則不可以爲善○河曰

言一人呼嗟則失天心安可以和怨爲善也○雱曰意者爲善而不善之本也

是以聖人執左契

河曰古者聖人執左契合符信也無文書法律刻契合符以爲信也○弼曰左契者防怨之所由生也

而不責於人

明皇曰左契者心也心爲陽藏與前境契合故謂之左契爾聖人知立教則必有迹有迹則是餘怨故執持此心使令清靜下

人化之則無情欲不煩誅責自契無爲○河曰但刻契之信下責人以他事也○雱曰左契取於人右契取人左無事而右主權故古者分契之法如此也聖人執左契不從事於物而物自來合吾應其合者爾所謂感而遂通天下之故也然則聖人常受天下之責而無責人之心是以終無怨莊子曰以得爲在人以失爲在己湯曰萬方有罪罪在朕躬此之謂也記曰獻牛馬者操右契蓋獻者并券以進是知左契乃

卷十第二十七

受責者之所執史記曰操右券以責事

故有德司契

河曰有德之君司察契信而已○弼曰有德之人念思其契不令怨生而後責於人也○雱曰下從事於物而應物之合者

無德司徹

明皇曰司主也徹通也言有德之君主司心契則人自化無德之主則將立法以通於人爲法之弊故未爲善○河曰無德之君背其契信司人所失○弼曰徹司人之

過也○雱曰徹通也物物求通其塞多矣

天道無親常與善人

明皇曰司契則清靜立法則凋殘皇天無親惟德是輔故人君者常思化淳於無爲不可立法而生事○河曰天道無有親疎唯與善人則與司契者也○雱曰唯天無親但善則與之明天與聖人同道也

小國寡民章第八十

小國寡民

河曰聖人雖治大國猶以爲小儉約不奢

泰民雖衆猶若寡少不敢勞之也○弼曰國既小民又寡尚可使反古況國大民衆乎故舉小國而言也○雱曰小制國寡聚民則淳厚蓋國大民衆則利害相摩巧僞日生觀都邑與聚落之民質詐殊俗則其驗也

侍三　二十三

使民有什伯之器而不用也

明皇曰什件也伯長也此章明人含淳和無所求及適有人材器堪爲什件伯長者亦無所用之矣○河曰使民各長部曲什

伯貴賤不相犯也器謂農人之器而不用徵召奪民良時也○弼曰言使民雖有什伯之器而無所用之當何患不足也○雱曰十人所共謂之什器百人所共謂之百器清靜之治務使民各遂其生理而不妄興作終無連羣聚衆之事故雖器有什伯而不用也

使民重死

河曰君能爲民興利除害各得其所則民重死而貪生也

卷十第二十九

而不遠徙

明皇曰少思寡欲不輕用其生敦本無求故不遠遷徙也○河曰政令不煩則民安其業故不遠遷徙離其常處○弼曰使民不用惟身是寶不貪貨賂故各安其居重死而不遠徙也○雱曰樂生遂性故重死安土無求故不遠徙無道之世質薄事多而利欲勝乎好生末盛本衰而貪求在乎分外故觸刑陷險如履平地而車轍足迹交於四方此亦亂之極也

雖有舟輿無所乘之

河曰清靜無爲不作煩華不好出入遊娛也

雖有甲兵無所陳之

河曰無怨惡於天下○雱曰民自足於性分之內則無遠遊交戰之患

恃三 二十四

使民復結繩而用之

明皇曰舟輿所以利遷徙甲兵所以徇攻戰兩者無欲故無所乘陳反樸還淳復歸於三皇結繩之用矣○河曰去文反質信

無欺也〇雱曰事簡民淳故無用文契

甘其食

明皇曰不貪滋味故所食常甘〇河曰甘其蔬食不思食百牲也

美其服

明皇曰不事文繡故所服皆美〇河曰美其惡衣不貴五色〇雱曰甘食美服無事而富也

安其俗

明皇曰不飾棟宇故所居則安〇河曰安

其茅茨不好文飾之屋

樂其業

明皇曰不澆淳樸故其俗可樂○河曰樂其質朴之俗不轉移也

鄰國相望雞犬之聲相聞

明皇曰言其近○河曰相去近也○雱曰人遂其生故繁息而樂

使民至老死不相往來

明皇曰無求之至○河曰其無情欲○弼曰無所求欲○雱曰近而不交無求於外

也此盡性之治故民亦盡其性竊嘗考論語孟子之終篇皆稱堯舜禹湯聖人之事業蓋以爲舉是書而加之政則其効可以爲比也老子大聖人也而所遇之變適當反本盡性之時故獨明道德之意以收斂事物之散而一之於樸誠舉其書以加之政則化民成俗此篇其効也故經之義終焉楊子雲爲法言亦終乎唐虞之言蓋有法乎孔孟與此書也然子雲之說誠得施於天下亦何足以與乎聖人之業可謂有

其意矣而言之過也一本無使字

信言不美章第八十一

信言不美

明皇曰信言者聖教也信實之言不韻於俗故不美○河曰信言者如其實不美者朴且質也○弼曰實在質也○雱曰信言要於道道之出言淡乎無味何美之有

美言不信

明皇曰美言者代教也甘美之言動合於俗故不信○河曰滋美之言者孳孳華詞

○不信者飾僞多空虛也○弼曰本在樸也○雱曰離道而語事物故雖足以美淺聞之聽而非至論也且言者風波也何以美爲

善者不辯

明皇曰善者在行無辯說○河曰善者以道脩身不綵[侍三]文也○雱曰言近[二十六]指遠不假繁辭

辯者不善

明皇曰巧滯辯說故不善○河曰辯者巧言也不善者舌致患也土有玉掘其山水

有珠獨其淵辯口多言亡其身○雱曰言以明道而已要不煩何用多說孔子曰辭達而已

知者不博

河曰知者謂知道之士不博者守一元也弼曰極在一也○雱曰極當在乎至微何事於博

博者不知

明皇曰知者了悟也博者多聞也○河曰博者多見聞不知者失真要也○雱曰溺

乎事物之衆而不能反約愚之甚者安在乎有知

聖人無積

明皇曰積者執言滯教有所積聚也聖人了言忘言悟教遺教一無執滯故云不積

侍三　二十七

雱曰無私自有唯善是與任物而已〇雱曰聖道運乎無方而我常無滯故以至無而供萬物之求積而有之則所得鮮矣安能大而化之乎此明知者不博

既以爲人已愈有

河曰既以爲人施設德化已愈有德○弼曰物所尊也○雱曰爲人者施於事業以治天下也因其勢而利之則吾道不虧而事業彌廣矣一本爲作與非

既以與人已愈多

明皇曰此明法性無盡言聖人雖不積滯言教然以法味誘導凡愚盡以與人於聖人清静之性曾無减耗唯益明了故云愈有愈多有明自性多明外益○河曰既以財賄布施與人而財益多如日月之光無

有盡時也○弼曰物所歸也○雱曰與人者授之以道也授人以道如天生物吾未嘗費而物日以夥既云無積故又明其能贍足萬物蓋唯無積乃所以能足也

天之道利而不害

河曰天生萬物愛育之令長大無所傷害也○弼曰動常生成之也○雱曰天者羣物之宗常以慈畜萬物豈有害之之意此明信言不美夫天理常夷美於此則害於彼矣

聖人之道爲而不爭

明皇曰舉天道利物不害者將明聖人之道施爲弘益常以與人故不爭也○河曰聖人法天所施爲化成事就不與下爭功名故能全其聖功也○弼曰順天之利不

相傷也○雱曰一氣自運萬物必遂聖人體大運以有爲行遲速於常度豈有心於爭乎夫唯如此故於立言垂法亦因時乘理適可而已非爲辯也然而終以此句者誠欲體道德之説莫尚於爲而不爭老子

經意終於第八十篇此篇總序其作經之意亦由南華盡於莊子之死而更有天下一篇兼明道術之是非以自積著書之迹

道德眞經集註卷之十

釋音

穰而羊切　蹷居月切　眛音妹　貸吐代切　螫失亦切　攫俱縛切　朘子壘又子委切　嗄一邁切　蔕常音　難乃旦切　脆七歲切　辟音避　繟音闡　恢苦回切　斲陟角切　賂音路　愈任與切　純杜本切

釋音第一

後序

老氏之書傳於世也久矣其言微其旨遠而莫能極學者非明白洞達窮道德性命之理未易測其津涯也夫老氏豈欲爲甚高之論以取惑於世蓋至道之極窈冥昏默雖聖人

猶且不能名方道術既散之際苟不示其髣髴明其大略則天下後世有愚而不靈者蕩然無所適茫然無所守不知大道之本原而爲倒置之民也於是不得已强而爲之言以明夫道大焉彌滿六合而無外小焉入乎纖

後序第一

介而無間其玄則爲衆妙之門其粗則治家治國治天下無乎不在昔之爲註者有三曰河上公曰明皇曰王弼夫三家之說其間不能無去取然各有所長要其歸宿莫非究大道之本近世王雱深於道德性命之學而老氏之書復訓厥旨明微燭隱自成一家之說則八十一章愈顯於世然世之學者以老氏爲虛無無用之文少嘗加意陳言鄙論自以爲得殊不知大道之本由老氏而後明老氏之經由數家而後知非俗學者所易聞也

太守張公深達夫道德性命之理以文章作人以經術訓多士常患夫執經者不知道乃命黌舍之學者參其四説無復加損刋集以行於時而廣其教俾夫承學之士知老氏之書非徒爲虛誕之辭極深研精皆足以造乎至理其真以治身其緒餘土苴爲天下國家則學者豈曰小補之哉迥承教下風幸得以親炙故秪請以書歲月且不泯其傳時元符元年十月一日前權英州軍事判官梁迥謹序

後序第二

道德眞經集註序

侍四

道常無言不得已而有言言之費也從而言之費之費者也言固可廢乎曰不可也以藥治病非上醫也方病而奪之藥雖盧扁莫爲也蓋老子一書自列氏莊氏已陰立訓傳而自爲一家者也至漢相曹參用其言有驗世益尊信之文帝時有河上公者乃始泄道之蘊名爲註釋自是之後有鄭氏傅氏徐氏劉氏晉魏以來獨王氏最顯唐玄宗又改定章句刻石渦口廟中而世之言道德經蓋繁宋

興專守一道曰仁其治以慈儉不爭爲本幾若委靡不振而實參用老子家法故當時君臣於此書頗盡心焉耜雖不敏亦覃思有年矣常患註釋之繁而矛盾迭興復憂流派之廣而門戶各異求出世者多鄙薄於治世之常經思治世者復忽畧於出世之妙旨於是合本朝註釋之書畢力纂集尊

御註於其首列諸子於其下凡分一十二卷其佗如河上公王弼所著已載陳景元纂微玆不復詳吁亦多言矣乎然世方憒於其道

我又吝於其言則道葢晦矣此經以自然爲體無爲爲用治世出世之法皆在焉如我無爲而民自化我無欲而民自朴此治世之法也如生之徒十有三死而不亡者壽此出世之法也若夫秦漢方術之士所謂丹竈奇技符籙小數盡舉而歸之道家此道之緒餘土苴者耳學者當於此而有悟焉則鑿開混沌剖破藩籬以之治世則反朴而還淳以之出世則超凡而入聖然後知孔老無異法天生二聖人迭爲賓主以道詔天下後世其功至

序第二

不淺也惟我同志相與勉之紹定己丑重九日鶴林眞逸彭耜謹序

道德眞經說序

史記列傳曰老子者楚苦縣厲鄉曲仁里人也裴駰注云地理志曰苦縣屬陳國司馬貞索隱曰地理志誤也苦縣本屬陳春秋時楚滅陳而苦又屬楚故云楚苦縣高帝立淮陽國陳縣苦縣皆屬焉苦音怙張守節正義云括地志苦縣在亳州谷陽縣界今眞源縣也厲音賴姓李氏名耳字伯陽謚曰聃禮記曾子問鄭氏注曰老聃古壽考者之號也與孔子同時䟽云老聃即老子也索隱曰說文云聃耳曼也故名耳字聃正義曰聃耳曼無輪也神仙傳云外字聃按字號也疑老子耳曼無輪故世號曰聃周守藏室之史也周本紀曰幽王三年西周三川皆震伯陽甫曰周將亡矣注云韋昭曰伯陽父周大夫也唐固曰伯陽父周柱下史老子也後漢書竇章

說序第一

傳注云老子為守藏史復為柱下史孔子適周將問禮於老子孔子世家曰魯南宮敬叔言魯君曰請與孔子適周魯君予之一乘車兩馬一豎子俱適周問禮蓋見老子云又家語曰孔子謂南宮敬叔曰吾聞老聃博古知今通禮樂之原明道德之歸則吾師也今將往矣老子曰子所言者其人與骨皆已朽矣獨其言在耳且君子得其時則駕不得其時則蓬累而行吾聞之良賈深藏若虛君子盛德容貌若愚去子之驕氣與多欲態色與淫志是皆無益於子之身吾所以告子若是而已孔子去謂弟子曰鳥吾知其能飛魚吾知其能游

獸吾知其能走走者可以爲網游者可以爲綸飛者可以爲矰至於龍吾不能知其乘風雲而上天吾今日見老子其猶龍邪孔子世家曰辭去而老子送之曰吾聞富貴者送人以財仁人者送人以言吾不能富富貴竊仁人之號送子以言曰聰明深察而近於死者好議人者也博辯廣大危其身者發人之惡者也爲人子者毋以有己爲人臣者毋以有己孔子自周反于魯弟子稍益進焉又家語曰孔子及去周老子送之曰請送子以言孔子曰謹奉教自周反魯道彌尊矣遠方弟子之進蓋三千焉老子脩道德其學以自隱無名爲務居周久之見周之衰迺遂去至關關令尹喜曰子將隱矣强爲我著書

說序第二

於是老子迺著書上下篇言道德之意五千餘言而去莫知其所終注云列仙傳曰關令尹喜者周大夫也善內學隱德行仁時人莫知老子西遊喜先見其氣知真人當過候物色而迹之果得老子老子亦知其奇為著書與老子俱之流沙之西莫知所終亦著書九篇名關令子索隱曰列仙傳是劉向所記物色而迹謂視其氣物有異色而尋迹之或曰老萊子亦楚人也著書十五篇言道家之用與孔子同時云仲尼弟子列傳曰孔子之所嚴事於周則老子於楚老萊子蓋老子百有六十餘歲或言二百餘歲以其脩道而養壽也自孔子死之後百二十九年注云徐廣曰實一十九年而史記周

太史儋見秦獻公曰始秦與周合而離離五百歲而復合合七十歲而霸王者出焉周本紀曰烈王二年周太史儋見秦獻王或曰儋即老子或曰非也世莫知其然否老子隱君子也老子之子名宗宗爲魏將封於段干宗子注注子宮宮玄孫假假仕於漢文帝而假之子解爲膠西王卬太傅因家于齊焉老子無爲自化清靜自正索隱曰太史公因其行事於當篇之末結以此言亦是贊也又云此是昔人所評老聃之德故太史公引以記之

太史公曰老子所貴道虛無因應變化於

說序第三

無爲故著書辭稱微妙難識

太史公曰樂臣公學老子史記樂毅傳曰樂氏之族有樂瑕公樂臣公趙且爲秦所滅亡之齊樂臣公善脩黃帝老子之言顯聞於齊稱賢師注云一作巨公其本師號曰河上丈人不知其所出皇甫謐高士傳云河上丈人者不知何國人也自匿姓名居河之湄著老子章句號曰河上丈人亦曰河上公又葛玄河上公注老子序曰河上公者莫知其姓名也漢文帝時結草爲菴于河之濱常讀老子道德經文帝好老子之言有所不解數句遣使問之公曰道尊德貴非可遙問也帝即駕從詣之河上公即授素書老子道德經章句二卷謂帝曰熟研此則所疑自解予注是經以來千七百餘年凡傳三人連子四矣言畢失公所在因號曰河上公云河上丈人教安期

生安期生教毛翕公毛翕公教樂瑕公樂瑕公教樂臣公樂臣公教蓋公漢書曹參傳顔師古曰蓋古盍反蓋公教於齊高密膠西爲曹相國師曹參世家曰孝惠帝元年更以參爲齊丞相參之相齊齊七十城天下初定悼惠王富於春秋參盡召長者諸生問所以安集百姓如齊故俗諸儒以百數言人人殊參未知所定聞膠西有蓋公善治黃老言使人厚幣請之既見蓋公爲言治道貴清靜而民自定推此類具言之參於是避正堂舍蓋公焉其治要用黃老術故相齊九年齊國安集大稱賢相

宋太宗太平興國七年冬十月上謂近臣曰朕每讀老子至佳兵者不祥之器聖人不

說序第四

得已而用之未嘗不三復以爲規戒見續資治通鑑長編又淳化四年閏十月丙午上曰清靜致治黄老之深旨也夫萬務自有爲以至於無爲無爲之道朕當力行之至如汲黯卧治淮陽宓子賤彈琴治單父此皆行黄老之道也參知政事吕端等對曰國家若行黄老之道以致升平其效甚速宰臣吕蒙正曰老子稱治大國若烹小鮮夫魚撓之則潰民撓之則亂今之上封事議制置者甚

道德真經

多願陛下漸行清靜之化以鎮之見續資治通鑑長編

又上讀老子語近臣曰伯陽五千言讀之甚有所益治身治國之道並在其内至云善者吾亦善之不善者吾亦善之此云善惡無不包容治身治國其術如是若每事不能容納則何以治天下哉見國朝事實并皇宋類苑

眞宗咸平二年上謂宰相曰道德二經治世之要道明皇注解雖粲然可觀王弼所注言簡意深眞得清靜之旨也因令鏤板見國

史道釋志

仁宗天聖四年正月玉清昭應宮使王曾請下三館校道藏庫經從之上因言其書多載飛鍊金石方藥之事豈若老氏五千言之約哉張知白曰陛下留意於此迺治國清靜之道也

高宗紹興二十八年十月庚寅上諭宰執曰賀允中問朕好道之意朕謂之曰朕之好道非世俗之所謂道也世俗修鍊以求飛昇不死若果能飛昇則秦始皇漢武帝當

得之矣朕惟治道貴清静苟修心一生雖欲自抑有不能已者故所好惟在恬淡寡慾清心省事所謂爲道日損損之又損以至於無爲斯與一世之民同躋仁壽如斯而已見皇宋中興紀事本末

孝宗淳熙戊戌程大昌以講官侍清燕嘗從容奏及道本恭得聖訓孔老元無二道韓愈析之非是嘗親製原道辨首以賜大昌見程大昌易老通言序

說序第六

宋解經姓氏

政和御注

碧虛子陳景元 字太初建昌人出家為道士入天台山師事張無夢妙得老莊之旨博學多聞藏書數千卷當世名公多從之游自號碧虛子熙寧中屢膺召見進所著道德經藏室纂微篇賜號真靖大師

涑水司馬光 字君實陝州夏縣人溫國文正公

潁濱蘇轍 字子由眉山人自號潁濱遺老謚文定公

臨川王安石 字介甫臨川人荊國文公

王雱 字元澤荊公之子

陸佃 字農師山陰人門人號曰陶山先生

解經姓氏第一

劉槩字仲平開封人

劉涇字巨濟簡州陽安人自號前溪自荆公下至此總名崇寧五注

道眞仁靜先生曹道冲字希蘊女道士世號曹仙姑

賜號清虛文逸大師道眞仁靜先生

達眞子馬蹄山人不著姓氏

三峨了一子李文煕蜀人

陳象古名在黨籍中

葉夢得字少蘊姑蘇人自號石林翁

清源子劉驥字德稱泉州人

晦菴朱熹字元晦建安人自號晦菴一號紫陽子文公

道德真經

黃茂材字少譽福州連江人自號海濵居士

程大昌字泰之新安人文簡公

林東字子晦福州閩縣人自號三山樵子

本來子邵若愚錢塘人

解經姓氏第二